매출 0에서 8개 지점을 만든 창업자의 실전 운영 기록

김기웅 지음

단순한 '정보'가 아닌 실전 교과서!!

피트니스의 현실과 구조, 그리고 시스템과 돈의 흐름을 말하다

★★★★★
피티만 10년
현장에서 직접
경험한 11년간의
스토리

★★★★★
10년간 8개 지점
폐업 없는
실전 운영
노하우

★★★★★
실제 경험을
바탕으로, 이론이
아닌 실천 가능한
해답을 제공

좋은땅

<u>알려 드립니다</u>

창업을 준비하거나 이미 시작하신 분들께, 지금 가장 필요한 건 정확하고 실질적인 솔루션일 수 있습니다.

이 책을 통해 방향을 잡으셨다면, 이제는 다음 단계로 나아갈 차례입니다.

혹시 막막한 부분이 있으신가요?

혼자서 해결하기 어려운 문제나 누구에게도 쉽게 물어볼 수 없었던 고민들,

이제 저희에게 이메일로 남겨 주세요.

이메일로 문의하실 내용을 정리해 보내 주시면,

내용을 꼼꼼히 확인한 후, 상황에 맞는 맞춤형 솔루션을 제공해 드립니다.

실제 경험과 전문 컨설팅을 바탕으로, 이론이 아닌 실천 가능한 해답을 드립니다.

이 서비스는 본 책을 구매하신 독자 분들만을 위한 특별한 혜택입니다.

여러분의 소중한 시간을 아껴 드리고, 더 빠르게 성장할 수 있도록 돕겠습니다.

이메일 주소는 책 내에 기재되어 있습니다. 지금 바로 궁금한 점을 보내 주세요.

누구보다 먼저 문제를 해결하고, 창업의 길을 단단히 다져 나가시길 바랍니다.

시작하기 전에

피트니스 창업, 그 모든 것에 대하여

이 책은 센터 창업 10년 노하우를 담은 현실적인 지침서입니다.

지난 몇 년간 피트니스 시장은 빠르게 성장했고, '운동'을 넘어 '업 (業)'으로 이 길을 걸어가려는 분들이 점점 많아졌습니다. 그런 흐름 속에서 제게도 많은 분들이 질문을 주셨습니다.

"선생님처럼 저도 제 센터를 창업해 보고 싶어요."

"회원들과 진짜 운동에만 집중할 수 있는 공간을 만들고 싶어요."

"이제는 내 철학을 담은 곳을 직접 운영하고 싶어요."

그런 이야기를 들을 때마다 저는 응원보다 걱정이 먼저 앞섰습니다.

운동을 사랑하는 마음, 트레이닝에 대한 자부심, 커가는 시장에 대한 기대…. 그 모든 것들이 잘 조합되면 멋진 창업이 될 수 있지만, 반대로 너무 '달콤하게만' 느끼고 뛰어드는 경우도 많았기 때문입니다.

이 책은 그런 분들께 쓴 약이 되어 줄 책입니다.

기대와 로망보다는, 현실과 구조, 그리고 시스템과 돈의 흐름에 대해 먼저 알려 드리고 싶었습니다. 당신이 이 책을 통해 현실을 정확히 마주하고, 준비된 상태로 창업에 도전하길 바라는 마음으로 이 글을 씁니다.

그래서 말씀드립니다.

창업에 대한 진지한 각오가 없는 분들은 이 책을 읽지 마십시오.

운영의 무게, 책임, 직원관리, 마케팅, 세무까지 고민할 자신이 없다면, 이 책은 어쩌면 당신을 불편하게 만들 것입니다.

하지만 반대로, 이 모든 이야기를 감당할 준비가 되어 있고, 실패를 피하고 싶고, 더 빨리 성장하고 싶다면 이 책이 당신의 10년을 단축해 줄 것입니다.

이 책은 처음부터 종이책이 아니었습니다.

2022년, 코로나 시기. 많은 피트니스 센터들이 위기를 겪고 있던 그 시절, 저는 이 내용을 전자책 형태로 먼저 출간했습니다.

운영이 어려워진 대표님들, 창업을 미뤄야 했던 트레이너분들을 위해 실제 컨설팅을 하며 노하우를 담은 29만 원짜리 전자책이었습니다.

가격이 비싸다고 생각하실 수도 있지만,

이 책과 컨설팅을 통해 실제로 수천만 원의 손해를 줄이고 방향을 바로잡은 분들도 계셨습니다.

그 당시 이 책은 단순한 '정보'가 아닌, 살아 있는 현장 경험을 나눈 실전 교과서였습니다. 그리고 지금, 저는 이 내용을 더 많은 분들과 나누기 위해 종이책으로 재출간하게 되었습니다.

이제는 단 한 명의 컨설팅 대상이 아닌,

대한민국 피트니스 산업의 미래를 바꾸고자 하는 모든 창업자들과 공유하고 싶습니다. 사실 이 책을 쓰는 일은 제게도 쉽지 않은 결정이었습니다.

센터를 운영하는 대표들은 대부분 자신의 운영 방식이나 구조, 숫자, 전략을 잘 공개하지 않습니다.

옆에 경쟁자가 생길 수도 있고, 잘못 해석한 사람이 실패 후 저를 탓할 수도 있기 때문입니다. 그럼에도 저는 글을 씁니다.

이 시장이 더 건강해지고, 서로 돕는 문화가 정착되길 바라기 때문입니다.

나만 잘 먹고 잘 사는 것이 아니라, 후배들이 실패하지 않고 자립하는 길을 만들고 싶기 때문입니다.

이 책은 제가 직접 센터를 오픈하며 겪은 10년의 실패와 성공, 실전 매뉴얼입니다.

그 안에는 당신이 반드시 알아야 할 숫자, 구조, 마케팅 전략, 운영 철학, 직원 관리 방법까지 모두 담겨 있습니다.

당신이 이 책을 펼치는 순간,

이미 절반은 성공입니다. 나머지 절반은, 이 책을 덮은 후 당신이 선택하는 방향에 달려 있습니다.

자, 이제 준비되셨나요? 그렇다면, 피트니스 10년 생존 노트 지금부터 시작합니다.

목차

1부.
창업과 대표의 마인드

2부.
입지와 상권 전략

3부.
브랜딩과 마케팅

4부.
대표의 역량과 성장

5부.
운영 시스템과 인사

6부.

시설과 현장 관리

7부.

수익과 가격 정책

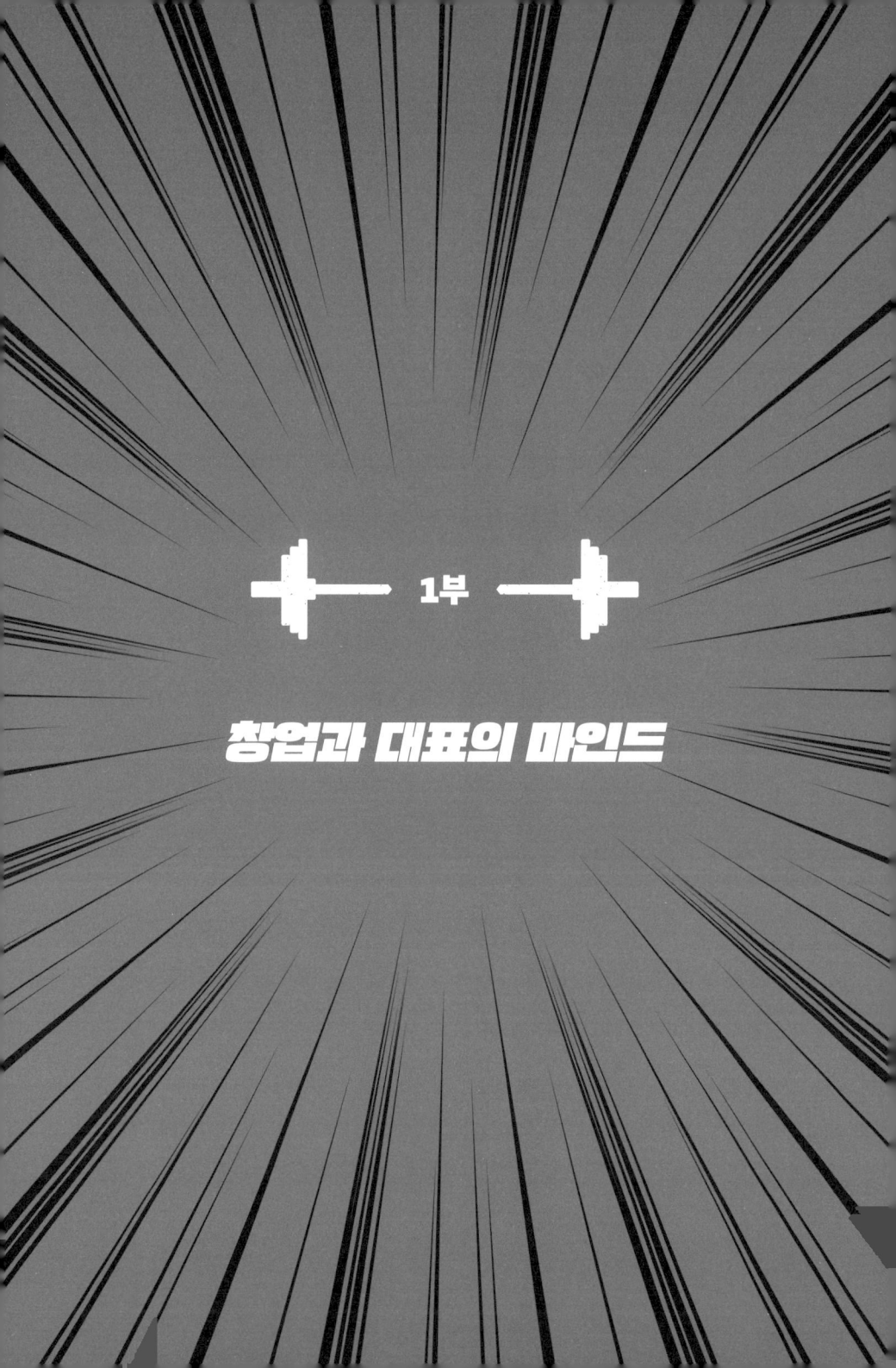

1부

창업과 대표의 마인드

나와 창업에 대하여

사람은 때때로 인생의 방향을 정해 주는 결정적인 계기를 만나게 됩니다. 저에게는 그 계기가 바로 운동이었고, 피트니스 문화와의 만남이었습니다.

2010년, 스무 살의 나는 어떤 목표나 뚜렷한 꿈 없이 하루하루를 보내고 있었습니다. 당시의 또래 남자들은 크게 두 부류로 나뉘었죠. 첫 번째는 자신이 가야 할 길을 고민하거나, 적어도 결정을 위해 노력하는 사람들. 두 번째는 "어떻게든 되겠지."라는 말로 스스로를 위로하며 손을 놓아 버리는 사람들. 나는 과연 어느 쪽이었을까요? 스스로는 전자라 믿고 싶었지만, 지금 생각해 보면 당시 나의 모습은 그저 바다 앞에서 망설이는 사람이었습니다. 부산의 밤바다처럼 막막하고 어두운 현실 속에서 방향은커녕 깊은 물속으로 뛰어들 용기조차 없던 시절이었죠.

그런 나를 바꾼 건, 아주 우연히 알게 된 헬스장 아르바이트였습니다. 당시 부산은 지금처럼 피트니스가 정착된 도시는 아니었습니다. 골목 어귀에 위치한 헬스장들은 오래된 보디빌더들의 사진이 붙어 있었고, 녹슨 프리웨이트 기구들로 가득했죠. '운동'이라기보다는 '남성성'만이 강조된 마초적인 분위기였습니다. 하지만 그 무렵, 부산에도 서서히 변화가 시작되었습니다. 서울에서 내려온 프랜차이즈 센터들, 체계적인 기구 구성, 고객 중심의 트레이닝 방식이 하나둘씩 도입되기 시작했던 거죠. 그 조용한 변화 속에, 스무 살의 나는 패기 하나로 뛰어들었습니다. 운동을 좋아하던 학생이었고, 체육계에 관심도 있었기에 배움은 어렵지 않았습니다. 조금씩 일을 배우고, 회원들과 소통하고, 누군가의 삶에 긍정적인 영향을 줄 수 있다는 걸 느낀 순간, "노동을 하며 행복할 수 있다."는 걸 처음 깨달았습니다. 그 이후, 내 삶은 단순한 아르바이트가 아니라 사명감 있는 직업인으로의 성장 여정이 되었습니다.

　나는 대학생이었습니다. 오전 6시부터 9시까지 회원을 지도하고, 9시부터 4시까지는 강의실에 앉아 수업을 듣고, 다시 저녁 5시부터 밤 11시까지 센터에서 일을 했습니다. 그런 삶을 3년 가까이 반복했습니다. 그 시간들이 힘들지 않았다면 거짓말이겠지만, 그 고생 속에는 늘 보람과 희망이 있었습니다. 무작정 노력하기보다는, 방향성 있는 노력이 얼마나 강력한지를 깨닫게 되었기 때문입니다. 최저임금 수준의 급여를 받으며 하루 12개, 많게는 17개의 수업을 소화했습니다. 사실상 센터 안에서 숙식하며 살다시피했고, 그 안에서 나는 "언젠가 내 센터를 열겠다."는 단단한 목표를 세웠습니다. 덕분에 남들보다 빠르게 창업 자금을 마련할 수 있었고, 나는 움직였습니다.

부산에서도 PT 센터들이 생기고 있었지만, 더 넓은 시장, 더 치열한 경쟁을 보고 싶었습니다. 그래서 서울로 향했습니다. 나름 잘된다는 센터들을 찾아다녔지만, 지금 생각하면 무모한 행동이었습니다. 큰 계획도 없이, 그저 패기 하나만 믿고 나섰으니까요. 그런데 놀랍게도, 많은 대표들이 저를 만나 주었습니다. 그들의 열정, 태도, 겸손함은 내가 자부하던 것과 크게 다르지 않았지만, 그들에게는 '결과'가 있었습니다. 그 차이는 제게 엄청난 충격이었고, 절망이었습니다. 내가 가진 패기만으로는 턱없이 부족하다는 것을 처음 인정한 순간이었죠. 하지만 절망은 곧 동경이 되었고, 동경은 다짐이 되었습니다. "언젠가 저 자리에 꼭 서겠다."

당시 자금이 충분치 않았기에, 부산 내에서 비교적 유동 인구가 적은 '죽은 상권'에 30평 규모의 1호점을 오픈했습니다. 전단지를 직접 돌리고, 현수막을 붙이고, 지금의 아내와 함께 가게 외벽을 꾸몄습니다. 하지만 창업 이후가 진짜 시작이었습니다. 직원 관리, 매장 관리, 회원 응대, 누수, 컴플레인, 주차 갈등, 직원의 돌발 퇴사…. 진짜 문제는 오픈 후에 시작되었습니다. 스스로 많은 수업을 맡았고, 모든 문제를 직접 해결하려 했습니다. 매일 지치고, 때로는 울고 싶었던 밤도 있었죠. 대출은 '레버리지'가 아닌 '빚'이라는 단어로 다가왔고, 공포였습니다. 하지만 그 시기를 버텨낸 덕분에 대표와 직원의 차이, 창업자라는 이름의 무게를 온전히 깨달을 수 있었습니다.

운 좋게 1호점은 1년 만에 안정화되었습니다. 8명의 직원과 함께 부산에서도 손꼽히는 매출을 기록했고, 그곳에서 단순한 성공이 아닌 성

피트니스 11년 생존노트

장이라는 확신을 얻었습니다. 운영하면서 쌓은 온라인 마케팅, 교육 시스템, 브랜딩 노하우는 하나의 운영 공식으로 정리되었고, 그 공식은 2호점, 3호점, 그리고 8호점까지 지속적으로 적용되었습니다.

　이 시장은 빠르게 변합니다. 트렌드는 바뀌고, 고객의 눈높이는 높아집니다. 투자를 게을리하면 센터는 곧 노후화되고, 고객은 이탈합니다. 성공은 사람을 나태하게 만들고, 그 나태함은 센터를 무너뜨립니다. 폐업한 수많은 센터의 원인은 대부분 대표의 초심 상실, 변화에 대한 무감각, 소극적인 투자, 비전의 부재였습니다. 저는 깨달았습니다. "센터를 망하게 하는 가장 큰 원인은 외부가 아니라, 바로 대표 자신이다."

　창업 초기엔 운이 작용할 수 있습니다. 하지만 2년, 3년, 5년이 지나면 결국 실력과 문제 해결 능력이 성패를 가릅니다. 5년간 유지되는 성공이야말로 진짜 실력입니다. 지금도 저에게 가장 상징적인 공간은 1호점입니다. 고생, 추억, 성취, 모든 것이 처음 쌓인 곳. 사람의 인성과 가치관이 시설보다 중요하다는 진리를 배운 곳이기도 합니다.

　누군가는 "피트니스 센터는 3년을 버티기 어렵다."고 말합니다. 하지만 저는 벌써 8개의 센터를 운영하고 있고, 아직 멈출 생각이 없습니다. 나는 이 일을 사랑합니다. 80살, 90살이 되어도 여전히 트레이너이고 싶습니다.

사장은 외롭다

첫 창업 때를 아직도 잊을 수 없다. 새벽 1시, 마지막 회원이 돌아가고 텅 빈 센터 불을 끄고 나서야 하루가 끝났다. 땀 냄새와 기구 소음이 사라진 공간에 혼자 남아 있는데, 이상하게도 성취감보다 깊은 고독이 먼저 찾아왔다. 문을 걸어 잠그고 밖으로 나오니 차가운 바람 속에 고요한 밤하늘이 펼쳐져 있었다. 수많은 별빛을 바라보며 "내가 선택한 길이 맞을까?"라는 질문이 머리를 스쳤다. 가족과 친구는 모두 잠든 시간, 나만 깨어 있는 듯한 그 공허함에 그냥 눈물이 흘러내렸다. 하지만 그 순간이야말로 내가 '대표'라는 무게를 온몸으로 느낀 시간이었고, 동시에 다시 일어설 힘을 다짐하게 만든 터닝포인트였다. 외로움 속에서 흘린 눈물은 결국 나를 단단하게 만들었고, 그날의 별빛은 여전히 내 창업의 원동력으로 남아 있다.

사장이 된다는 건 단순히 직급이 높아지는 것이 아니다. 그것은 곧 외로움을 감당하는 자리에 선다는 의미다. 직원일 때는 상사나 동료에게 고민을 털어놓을 수 있다. 동등한 위치에서 푸념하고, 위로받고, 의견을 나눌 수 있다. 그러나 사장이 되는 순간, 대화의 경계선이 생긴다. 회사 안에서는 누구에게도 속 깊은 이야기를 할 수 없고, 바깥에서는 당신의 고민을 100% 이해해 줄 사람이 드물다. 그래서 사장은 늘 홀로 결정을 내리고, 홀로 책임을 져야 한다.

사장이 외로운 이유는 명확하다. 첫째, 모든 최종 결정권과 책임이 사장에게 있기 때문이다. 직원은 실수를 하면 상사가 책임을 진다. 하지만 사장은 누구에게도 떠넘길 수 없다. 작은 결정 하나가 수백만 원, 수천만 원, 때로는 회사의 존폐를 좌우한다. 이 무게는 겉으로 보이지 않지만, 매일 사장을 짓누른다.

둘째, 속마음을 쉽게 나눌 수 있는 사람이 없기 때문이다. 직원에게 회사의 재정 상태나 매출 부진, 투자 실패 같은 이야기를 하면 불안감이 확산된다. 그렇다고 가족에게 다 이야기할 수도 없다. 가족은 당신을 위로해 줄 수는 있지만, 사업의 구조와 상황을 이해하고 현실적인 조언을 해 줄 수 있는 경우는 많지 않다.

셋째, 성공과 실패 모두 오해를 부르기 때문이다. 잘되면 '좋아서 좋겠다.'는 시선이 따르고, 어려워지면 '그럴 줄 알았다.'는 말이 들린다. 사장의 의도나 과정은 관심 대상이 아니다. 사람들은 결과만 본다. 그래서 사장은 결과를 만들기 전까지 홀로 모든 압박을 견뎌야 한다.

이런 이유로 사장은 반드시 '사장 동료'를 만들어야 한다. 사장 동료란, 같은 위치에서 같은 고민을 하는 사람이다. 업종이 같든 다르든, 사장의 자리에 있는 사람만이 이해할 수 있는 무게와 외로움이 있다. 사장끼리의 대화에서는 가식이 필요 없다. 매출, 세금, 인사, 투자, 확장, 실패—이 모든 주제를 숨김없이 나눌 수 있다. 그리고 그 대화 속에서 위로뿐 아니라 현실적인 해법을 얻는다.

사장 동료를 만들면 세 가지 큰 장점이 있다. 첫째, 의사결정의 질이 높아진다. 혼자 고민하면 시야가 좁아진다. 하지만 비슷한 경험을 가진 사장들과 이야기를 나누면, 생각지 못했던 대안과 전략이 나온다. 둘째, 감정의 무게를 덜 수 있다. 실패나 위기를 겪을 때, 같은 위치에 있는 사람의 공감은 큰 힘이 된다. "나도 그랬다."는 말 한마디가 버티게 만든다. 셋째, 새로운 기회가 열린다. 사장끼리의 네트워크는 단순한 친목이 아니라, 사업 협력과 시너지로 이어진다.

물론 사장 동료는 아무나 될 수 없다. 먼저 신뢰가 있어야 한다. 서로의 정보를 공유하는 만큼, 비밀이 지켜져야 한다. 두 번째로는 가치관이 맞아야 한다. 아무리 친해도 사업을 대하는 철학이 너무 다르면, 오히려 독이 된다. 마지막으로 상호성이 있어야 한다. 한쪽만 주고 한쪽만 받는 관계는 오래 가지 않는다.

사장은 조직 안에서는 가장 위에 있지만, 세상 속에서는 수많은 도전과 싸우는 전사다. 그래서 옆에 함께 싸워 줄 동료가 필요하다. 그 동료는 직원이 아니라, 같은 무게를 짊어진 또 다른 사장이다. 혼자 버티는 것도 가능하겠지만, 오래가기는 힘들다. 사장의 길은 길고 험하다. 혼자 걷는 길보다, 서로 등을 맡기고 걷는 길이 훨씬 안전하고 멀리 간다.

그래서 나는 이렇게 말하고 싶다. "외로우니까 사장이다. 하지만 그 외로움을 평생 짊어질 필요는 없다. 사장 동료를 만들어라." 이 한 가지가 당신의 버팀목이 되고, 사업을 오래 이어 갈 수 있는 힘이 된다.

방향성을 정하는 방법

　방향성을 정하는 방법은 단순한 선택이 아니라 생존의 문제였다. 첫 사업을 시작했을 때 나는 그저 열심히 하면 다 될 줄 알았다. 하지만 어느 날 매출은 늘지 않고, 직원들은 지쳐 있었고, 나조차 매일 퇴근길에 한숨을 내쉬고 있었다. 그때 깨달았다. '열심히'가 아니라 '어디로 가야 하는가?'가 더 중요하다는 것을. 방향이 없는 노력은 모래사장에 물 붓는 것과 같았다. 그래서 나는 사업의 나침반을 만들기 시작했다. 고객이 진짜 원하는 것은 무엇인지, 내가 가진 강점은 어디에 쓰일 수 있는지, 1년 후의 그림은 어떤 모습일지 스스로에게 끊임없이 물었다. 목표와 원칙을 정하니 매일의 혼란이 줄어들고, 팀원들에게도 자신 있게 길을 제시할 수 있었다. 사장의 역할은 정답을 다 아는 것이 아니라, 불확실한 길 위에서 방향을 제시하는 것이다. 방향만 제대로 잡히면, 속도는 자연히 붙는다.

센터를 운영하다 보면 수많은 선택의 순간을 마주하게 됩니다. 그 선택은 곧 센터의 분위기, 운영 철학, 고객 만족도, 직원의 근속률, 그리고 결국 '성공'의 모양까지 결정짓습니다. 그래서 창업 초기부터 반드시 고민해야 하는 것이 있습니다. 바로 '방향성'입니다. 대표로서의 방향성은 단순한 운영 전략이 아닙니다. 그것은 매일 하는 작은 결정 하나하나에 녹아 있는 철학이며, 직원과 회원, 그리고 시장이 대표를 바라보는 기준점이자 정체성입니다.

항상 스스로에게 질문합니다. "나는 내 가족을 내 센터 트레이너에게 맡길 수 있는가?" 센터 운영에서 가장 중요한 자산은 기구나 인테리어, 매출이 아니라 사람입니다. 그리고 그 사람을 중심에 둔 신뢰의 구조가 핵심입니다. 내 가족을 소개해 줄 수 있는, 신뢰할 수 있는 사람을 고용하려고 합니다. 그 사람이 운동 실력뿐 아니라 인성과 태도, 회복 탄력성과 책임감까지 갖췄는지를 봅니다. 그런 사람만이 고객을 제대로 대할 수 있고, 긴 시간 함께 센터를 이끌 수 있기 때문입니다. 성공한 대표들은 자신의 가족은 물론, 직원들의 가족까지도 센터에 데려와 수업을 받게 합니다. 이는 보기 좋은 복지가 아니라, 살아남는 센터의 운영 본질입니다.

센터를 처음 열었을 때, 대표는 대부분 가장 가난한 사람이 됩니다. 좋은 기구를 갖추기 어렵고, 원하던 규모는 꿈일 뿐입니다. 대표는 가장 적은 돈을 벌면서도 가장 많은 책임을 짊어져야 합니다. 직원보다 수입이 적은 시기가 올 수도 있고, 마이너스 통장을 돌려가며 월급과 월세를 메꾸는 상황도 생깁니다. 하지만 어떤 상황에서도 대표는 월급과 월세를 절대 미뤄서는 안 됩니다. 그 돈은 단순한 숫자가 아니라 직원을 지키기 위한 신뢰, 공간을 유지하기 위한 존엄, 고객과의 약속이 담겨 있기 때문입니다. 이 믿음이 직원에게는 존중이 되고, 건물주에게는 신뢰가 되며, 회원들에게는 믿고 다닐 수 있는 센터로 이어집니다. 직원이 "이번 달도 감사합니다."라고 말하는 이유는 돈 때문만이 아니라 대표가 매달 그 약속을 지켜낸다는 사실 때문입니다.

센터가 하나일 때는 문제가 생겨도 대표가 직접 해결할 수 있습니다. 그러나 두 번째, 세 번째, 네 번째 센터로 확장될수록 대표 혼자서 모든 불을 끌 수는 없습니다. 작은 실수 하나, 사소한 태도 하나가 결국 큰 화로 번지는 건 시간 문제입니다. 이 시점에서 시스템이 작동하지 않는 센터는 무너집니다. 시스템 없는 센터는 '가게'일 뿐입니다. 사람 없이 멈추는 조직이 되고, 대표가 자리를 비우는 순간 불안정함이 드러나며, 직원 간 불만이 커지고 고객 신뢰가 금이 갑니다.

시스템은 단순히 매뉴얼을 만들고 직원을 자리에 배치한다고 완성되지 않습니다. 시스템은 대표의 철학이 말없이 작동하는 구조여야 합니다. 어떤 기준으로 직원을 뽑고, 어떤 방식으로 교육하며, 문제가 생겼을 때 어떤 태도로 대처하는지를 통해 직원은 대표의 철학을 이해합니다. 철학이 없으면 직원은 시키는 일만 하는 사람이 되고 맙니다. 하지만 철학이 명확하면, 직원은 스스로 판단하고 행동하며 책임질 수 있습니다. 이것이 지속 가능한 시스템입니다.

시스템이 어느 정도 구축되면 많은 대표들이 "이제는 좀 쉬어도 되겠지."라는 착각에 빠집니다. 그러나 이때 대표가 해야 할 일은 오히려 더

피트니스 11년 생존노트

많아집니다. 창업자이자 전략가로 돌아가 시장을 관찰하고, 트렌드를 분석하며, 서비스를 개발하고, 브랜딩을 고민하고, 직원들이 성장할 수 있는 구조를 설계해야 합니다. 직원들이 고객을 챙기는 동안, 대표는 직원을 챙겨야 합니다.

코로나19는 피트니스 산업 전체에 충격을 주었습니다. 회원은 떠나고, 수업은 취소되고, 임대료는 그대로 나갔습니다. 그 시기에도 나는 매일 "지금 내가 할 수 있는 일은 무엇인가?"를 자문했습니다. 어떤 대표는 불안 속에 무너졌고, 어떤 대표는 무언가를 배우고 준비하며 개선해 다시 성장의 기회를 만들었습니다. 대표는 위기 속에서 중심을 잡고 조직 전체를 이끌어야 합니다.

지금 대한민국 피트니스 시장은 빠르게 변하고 있습니다. 고객의 니즈는 정교해지고, 트렌드는 한 발 늦으면 뒤처집니다. 이럴수록 본질을 잃지 말아야 합니다. 우리는 고객의 몸을 아름답게 만드는 사람이 아니라, 그들의 삶에 건강한 방향을 제시하는 사람입니다. 선명한 복근이나 멋진 바디프로필은 단기 목표일 뿐이고, 중요한 것은 가치 있는 훈련, 지속 가능한 습관, 인간적인 교류입니다. 이는 대표의 철학이 시스템을 통해 직원에게 전달될 때만 가능합니다.

일을 잘하는 직원은 고객에게 잘 보이려는 사람이 아니라 대표의 철학을 정확히 이해하고 움직이는 사람입니다. 당장 눈앞의 수익에 매몰되지 않고, 올바른 방식으로 고객을 이끌며, 자신의 성장과 센터의 성장을 함께 고민하는 사람입니다. 그런 사람을 키우기 위해서는 대표가 본질을 지켜야 합니다. 대표가 무너지면 시스템도 무너집니다. 대표가 흔들리면 직원도 흔들립니다. 결국 시스템은 대표 자신의 거울입니다.

당신은 방향성을 어디에 둘 것입니까? 당장의 매출입니까, 지속 가능한 성장입니까? 방향이 없으면 센터는 흔들리고, 철학이 없으면 무너집니다. 이제 당신의 방향을 정할 시간입니다.

사업의 방향성을 잡는 방법은 한 가지가 아니다. 같은 업종, 같은 시작점에서 출발하더라도 어떤 길을 선택하느냐에 따라 사업의 형태와 대표의 삶은 전혀 달라진다. 중요한 것은 시장 상황이나 유행이 아니라, 본인의 성향과 강점에 맞는 방향을 얼마나 빨리 파악하느냐이다. 이를 알지 못한 채 남들이 가는 길을 따라가면, 겉보기엔 성장처럼 보여도 실제로는 번아웃과 방황을 반복하게 된다.

첫 번째 방법은 1개 지점을 설정하고 교육 강사로 움직이는 길이다. 이 방식은 현장에서 직접 사업을 확장하기보다, 자신이 가진 노하우를 교육 콘텐츠로 만들어 사람들에게 전수하는 형태다. 예를 들어 헬스장 대표라면, 직접 점포를 늘리기보다 트레이너 교육, 운영 매뉴얼 제작, 세미나 강연 등으로 수익 구조를 만든다. 이 길은 지점을 직접 운영하는 리스크를 줄이고, 브랜드를 개인의 전문성과 결합해 확장할 수 있다. 단, 대중 앞에서 말하는 것을 즐기고, 콘텐츠 제작과 강의에 대한 꾸준한 관심과 에너지가 있어야 오래 버틸 수 있다. 교육은 한 번에 많은 사람들에게 영향을 줄 수 있지만, 반대로 즉각적인 매출 효과보다는 장기적인 브랜딩이 핵심이므로, 성급한 사람에게는 답답하게 느껴질 수 있다.

두 번째 방법은 낮은 월세의 PT샵을 여러 지점으로 소규모 확장하는 방식이다. 이 모델은 초기 투자 부담이 크지 않고, 지역 곳곳에 효율적으로 점포를 분산시킬 수 있다. PT샵 한 곳이 월 200만 원의 순이익을 내더라도, 다섯 곳이면 월 1,000만 원의 구조가 만들어진다. 관리 범위가 넓어지지만, 각 지점 규모가 작아 운영 인력과 비용을 최소화할 수 있다. 특히 상권 리스크를 분산시키는 장점이 있다. 그러나 대표는 동시에 여러 지점을 관리하는 능력이 필요하고, 각 지점에 믿고 맡길 수 있는 책임자를 두지 않으면 대표의 동선과 에너지가 빠르게 소모된다. 소규모 다지점 운영은 '현장 관리형' 대표 성향에 잘 맞지만, 체계 없는 확장은 수익률보다 스트레스를 더 크게 만든다.

세 번째 방법은 1개 지점을 단단히 만들어 직접 관리하는 모델이다. 즉, 한 지점에 설비·인테리어·인력을 집중적으로 투자해 업계에서 독보적인 경쟁력을 갖추는 방식이다. 200평 이상 규모의 대형 센터를 생각해 보면 된다. 장점은 브랜딩과 매출 잠재력이 크다는 점이다. 시설이 크고 체계적이면 한 번에 많은 회원을 수용할 수 있고, 다양한 프로그램과 부가 서비스를 결합해 수익원을 다각화할 수 있다. 그러나 초기 투자금과 월 고정비가 크기 때문에, 대표의 운영·마케팅·인사 역량이 부족하면 리스크가 매우 크다. 또, 모든 것을 직접 챙겨야 하므로 대표의 시간과 체력 소모가 많고, 장기간 자리를 비우기 어려운 단점이 있다. 이 길은 '현장 장악형' 성향의 대표, 즉 모든 것을 자신의 손 안에 두고 싶어하는 사람에게 적합하다.

이 외에도 혼합형 전략이 있다. 예를 들어, 메인 대형 지점을 하나 두고, 주변에 위성처럼 소규모 PT샵을 운영하며, 동시에 교육 강사로 활동하는 방식이다. 이렇게 하면 안정적인 현장 매출과 함께, 교육·브랜드 사업으로 확장할 수 있다. 그러나 이 방식은 높은 멀티태스킹 능력과 체계적인 시간 관리가 필수다. 한쪽에만 집중하기 어려운 사람, 새로운 도전을 즐기면서도 기본적인 틀을 유지할 수 있는 사람에게 적합하다.

이 모든 선택지에서 공통적으로 중요한 것은, 본인의 성향을 빨리 파악하는 것이다. 성향을 모르면 선택을 해도 오래 가지 못한다. 예를 들어, 사람 만나는 것을 좋아하지 않고 마케팅보다 시스템 관리에 강한 사람이 교육 강사를 한다면 금방 지칠 것이다. 반대로, 현장 관리보다 아이디어 기획과 말하기에 강점이 있는 사람이 대형 지점을 직접 관리하려 들면, 운영 스트레스에 번아웃이 온다. 성향 파악을 위해서는 자기 질문이 필요하다. "나는 사람을 만나고 설득하는 것을 즐기는가?", "나는 디테일하게 관리하는 것보다 큰 그림을 그리고 방향을 잡는 것을 좋아하는가?", "위기 상황에서 나는 현장을 직접 뛰는 타입인가, 아니면 전략을 짜는 타입인가?" 같은 질문들이다.

또한, 성향은 시간과 경험에 따라 변할 수 있다는 점을 인정해야 한다. 처음엔 현장에서 회원을 관리하는 것이 즐거웠지만, 시간이 지나면 강의나 컨설팅을 더 선호하게 될 수도 있다. 반대로, 교육과 강의를 하다 보니 현장에서의 성취감을 다시 찾고 싶은 마음이 들 수도 있다. 그래서 사업 방향은 한 번 정했다고 끝이 아니라, 2~3년 주기로 점검하고 조정하는 것이 필요하다.

마지막으로, 방향성을 결정할 때 주변의 성공 사례를 그대로 복제하는 것은 위험하다. 겉으로 보기에는 화려해 보여도, 그 모델이 본인의 생활 패턴, 가족 상황, 에너지 사용 방식에 맞지 않으면 지속 불가능하다. 어떤 대표는 하루 12시간 현장에 있어도 에너지가 넘치지만, 어떤 대표는 하루 4시간만 현장에 있어도 지치기 마련이다. 방향성은 매출만이 아니라 '내가 5년, 10년 뒤에도 유지할 수 있는가?'라는 질문에 대한 답이어야 한다.

결국 사업은 '어떤 길이 정답인가?'의 문제가 아니라, '어떤 길이 나에게 맞는가?'의 문제다. 빠르게 성장하는 길이 꼭 좋은 길은 아니며, 느려 보여도 오래 버틸 수 있는 길이 오히려 장기적으로는 더 큰 성공을 만든다. 방향성을 잡는 과정은 남들이 하는 대로가 아니라, 내 성향과 강점을 기반으로 시장과 나 사이의 최적 해답을 찾는 과정이어야 한다. 그리고 그 답을 빨리 찾는 사람이, 같은 시간과 자원을 써도 훨씬 멀리, 훨씬 오래 갈 수 있다.

도파민 과다형 vs 안정 지향형

　나는 전형적인 도파민 과다형이었다. 첫 창업 때 매일 아침마다 새로운 아이디어가 떠올랐고, 그것을 실행하지 않으면 마음이 불안했다. 인테리어를 바꾸자, 프로그램을 새로 만들자, 이벤트를 열자…. 하루가 멀다 하고 변화를 시도했다. 처음엔 신선했고 나 스스로도 뿌듯했지만, 어느 순간 팀원들의 표정에서 지침이 보였다. 방향이 하루가 다르게 바뀌니 따라오는 사람들이 혼란스러웠던 것이다. 매출도 들쭉날쭉해졌다. 그제야 깨달았다. 내가 즐기는 변화가 모두에게 이로운 건 아니라는 걸. 그때부터 안정 지향형의 태도를 배우려 했다. 변화보다 유지, 자극보다 꾸준함을 선택하는 연습을 한 것이다. 작은 성과를 반복하고, 프로세스를 정립하며 신뢰를 쌓았다. 여전히 나는 새로운 걸 좋아하지만, 지금은 도파민의 속도에 안정의 무게를 더한다. 그 균형이야말로 대표가 오래 버티는 힘이었다.

대표는 반드시 자신과 다른 성향의 사람을 곁에 두어야 한다. 사람은 누구나 성향이 다르다. 어떤 이는 도파민 과다형처럼 열정적이고 즉각적인 실행에 능하며, 늘 새로운 자극과 기회를 찾아 움직인다. 반면 또 어떤 이는 안정 지향형으로 신중하고, 철저한 계획과 안전한 환경 속에서 흐름을 안정적으로 유지하고자 한다. 대표가 되면 이 두 가지 성향을 모두 가져야 할 것처럼 느껴질 수 있지만, 현실적으로는 하나의 성향이 더 강하게 나타난다. 중요한 것은 이 두 성향 중 무엇이 더 좋다, 나쁘다의 문제가 아니라, 자신이 어떤 유형인지 알고 그 상반된 성향을 보완해 줄 수 있는 사람을 반드시 곁에 두는 것이다.

도파민 과다형 대표는 빠른 실행력과 즉흥적인 의사결정, 새로운 기회 포착에 강점을 지닌다. 트렌드에 민감하고 늘 다음 것을 기획하며 팀을 이끌어나간다. 센터에 필요한 장비, 마케팅 전략, 시스템 도입 등을 빠르게 결정하고 실행에 옮기기 때문에 단기적인 성과를 빠르게 만들 수 있다. 그러나 유지력과 일관성이 문제다. 쉽게 질리고, 오늘은 마케팅을 이야기하다가 내일은 새로운 공간을 보며 확장을 말하는 식으로 방향 전환이 잦다. 구성원 입장에서는 혼란을 느끼기 쉽고, 아이디어는 많지만 마무리가 약한 대표, 현실 감각이 부족한 대표가 되기 쉽다. 이 유형에게 필요한 것은 안정 지향형 파트너다. 기획이 끝까지 마무리되고 시스템화되기 위해선 차분히 실행하고 유지하는 사람이 반드시 필요하다. 도파민 과다형 대표는 혼자서는 완결된 성과를 만들기 어렵고, 완성은 항상 안정 지향형이 만들어낸다.

반대로 안정 지향형 대표는 조심스럽고 신중하다. 리스크를 철저하게 관리하고, 기존 시스템을 유지하며, 한번 움직이기까지 수많은 시뮬레이션과 검토를 거친다. 직원 관리나 재무적인 부분에서 장점이 크고, 조직이 오래 버티는 이유 중 하나가 바로 이런 안정적인 사고 덕분이다. 그러나 기회 포착력이 부족하다는 한계가 있다. 피트니스 산업처럼 유행과 흐름이 빠른 업계에서는 타이밍을 놓치면 큰 기회를 잃는다. 마케팅, 시설 투자, 신지점 확장, SNS 홍보 등에서는 빠른 의사결정이 필요하다. 그러나 안정 지향형 대표는 "좀 더 생각해 보자.", "한 달 후로 미루자."와 같은 판단을 내리며 기회를 흘려보내고, 그 사이 경쟁자가 실행에 나선다. 결국 후회로 남는다. 안정 지향형 대표가 해야 할 일은 자신에게 없는 성향의 사람을 곁에 두는 것이고, 일정 수준의 과감함을 훈련하는 것이다. 의도적으로 도전적인 상황에 자신을 노출시키고, 완성도가 60~70%여도 실행해 보는 경험이 필요하다.

대표의 실력은 조화와 인식에서 시작된다. 도파민 과다형이라면 자신이 쉽게 흥분하고 질릴 수 있다는 점을 인정하고, 기획과 유지를 균형 있게 잡아줄 사람을 곁에 둬야 한다. 안정 지향형이라면 결단력 있는 실행자나 아이디어 기획자를 팀에 넣어야 한다. 많은 대표들이 실수하는 부분은 자신과 비슷한 성향의 사람만 곁에 두는 것이다. 이렇게 되면 팀워크는 원활할 수 있으나 발전은 없다. 발전을 위해서는 건설적인 충돌이 필요하다. 도파민 과다형 대표는 불꽃처럼 회사에 생기를 불어넣지만 쉽게 사그라들 수 있고, 안정 지향형 대표는 바위처럼 회사를 지탱하지만 새로운 길을 개척하기에는 주저함이 많다. 두 가지가 함께 할 때 회사는 흔들림 없이 전진할 수 있다.

대표는 균형을 만들어야 하는 사람이다. 이 균형은 모든 걸 잘하는 능력에서 나오는 것이 아니라, 다른 능력을 가진 사람과 팀을 이루는 힘에서 나온다. 진정한 리더는 자기 한계를 인정하고, 부족한 부분을 채울 줄 아는 사람이다. 당신은 도파민 과다형인가, 안정 지향형인가? 그리고 그 반대 성향의 사람과 지금 함께하고 있는가? 이 질문은 앞으로의 조직 확장과 지속 가능성을 결정짓는 중요한 기준이 될 것이다.

사업은 심리싸움이다

    사업은 결국 심리싸움이었다. 첫 지점을 열었을 때 경쟁 헬스장이 바로 옆에 들어왔다. 회원들이 빠져나가는 걸 보며 매일 가슴이 철렁했고, 밤마다 '망하는 건 아닐까?' 하는 불안이 몰려왔다. 그런데 어느 날 깨달았다. 시설은 크게 다르지 않고, 프로그램도 비슷하다면 결국 이기는 건 대표의 마음가짐이라는 사실이다. 내가 흔들리면 직원도 흔들리고, 직원이 불안하면 회원도 금세 눈치챈다. 그래서 나는 스스로에게 매일 주문을 걸었다. "괜찮다, 우리는 할 수 있다." 실제로 표정을 바꾸고, 말투를 바꾸자 팀 분위기가 달라졌다. 회원 관리도 세심히 챙기면서 작은 성과들이 쌓였고, 그게 다시 자신감으로 돌아왔다. 사업은 돈이나 전략 이전에 심리의 전쟁터다. 끝까지 버티고 긍정적인 마인드를 유지하는 자가 결국 시장에서 살아남는다.

    사업은 겉으로 보기에는 숫자, 계약, 제품, 마케팅의 싸움처럼 보이지만, 그 본질을 들여다보면 결국 심리 싸움이다. 사람과 사람 사이에서 오가는 의사결정과 관계, 믿음과 불신, 두려움과 욕망이 사업의 성패를 좌우한다. 아무리 좋은 제품과 완벽한 시스템을 갖추었더라도 대표의 심리가 흔들리면 가격 정책이 무너지고, 마케팅 전략이 혼란스러워지며, 고객과의 신뢰마저 깨진다. 반대로 불리한 환경 속에서도 심리적으로 단단한 사람은 버티고 기회를 포착하여 반전을 만든다. 자본과 기술이 중요하다고 하지만, 이를 지속적으로 유지하고 성장시키는 힘은 심리에서 나온다.

사업의 모든 선택은 심리 상태에 영향을 받는다. 두려움에 사로잡힌 대표는 과감하게 투자해야 할 타이밍에 움츠러든다. 반대로 근거 없는 자신감에 취하면 무리한 확장을 감행하다가 치명적인 손실을 본다. 위기 상황에서 이성적인 판단을 내리기 위해서는 무엇보다 심리의 균형이 필요하다. 감정이 앞서면 데이터 분석도, 전략 수립도 무의미해진다. 외부 환경을 바꾸는 것보다 먼저 내부의 마음을 다스리는 힘을 키워야 한다. 심리적 안정은 시장을 바라보는 시야를 넓히고, 불필요한 감정 소모를 줄이며, 장기적 관점에서 움직이게 한다.

사업은 경쟁자의 심리를 읽는 싸움이기도 하다. 경쟁자가 가격을 낮출 때, 그것이 진짜 가격 경쟁을 노린 것인지, 아니면 심리전을 걸어 흔들어 보려는 전략인지 읽어내야 한다. 때로는 경쟁자가 헛소문을 퍼뜨려 불안을 자극하고 잘못된 결정을 유도하기도 한다. 심리가 흔들리면 대응이 아니라 반응하게 되고, 반응하는 순간 주도권은 상대에게 넘어간다. 뛰어난 사업가는 상품을 파는 사람을 넘어, 상대의 의도와 감정을 읽고 그에 맞춰 움직이는 사람이다.

고객과의 관계 역시 심리 싸움이다. 고객은 제품 그 자체만 사는 것이 아니라, 구매 과정에서 느끼는 신뢰와 안심을 산다. 대표나 직원이 불안하거나 불친절하면 고객은 무의식적으로 떠나간다. 반대로 심리적으로 안정되고 자신감 있는 태도는 설득력을 높이고, 동일한 제품이라도 더 비싸게 팔 수 있는 힘이 된다. 고객의 마음을 읽고 불안을 해소해 주는 것이 결국 장기적인 충성 고객을 만드는 핵심이다.

또한, 사업가는 자신의 심리뿐 아니라 조직의 심리도 관리해야 한다. 직원들이 불안해하면 사내 분위기가 경직되고 창의성이 떨어진다. 위기 상황에서 대표가 흔들리면 조직 전체가 함께 흔들린다. 평소에 구성원들이 실패를 두려워하지 않고 도전할 수 있는 환경을 만들어야 한다. 이를 위해선 대표가 심리적으로 안정된 모습을 유지하고, 명확한 비전을 제시하며, 구성원들에게 심리적 안전망을 제공해야 한다.

결국 사업에서 이기는 사람은 자본이 많거나 기술이 뛰어난 사람이 아니라, 심리적으로 단단하고 안정된 상태를 유지하면서 상대와 시장을 읽어내는 사람이다. 심리 싸움에서 이기면 시간과 자본, 인맥을 전략적으로 활용할 수 있고, 위기에서도 기회를 만들어낼 수 있다. 반면 심리에서 지면 좋은 기회도 놓치고, 작은 위기도 감당하지 못하게 된다. 사업은 수익의 게임이 아니라 사람의 마음을 다루는 게임이며, 그 마음을 다루는 기술이 곧 사업의 지속성과 직결된다.

금전 도움 없이
창업해야 하는 이유

   나는 처음 창업할 때 단 한 푼의 외부 자금도 받지 않았다. 솔직히 두려웠다. 빚을 내면 더 크게 시작할 수 있었고, 주변에서도 "투자받아야 빨리 성장한다."고 말했지만, 나는 오히려 그게 덫이 될까 두려웠다. 작은 자본으로 시작하니 모든 선택이 치열했다. 인테리어도 직접 발품 팔아 가장 저렴하고 효율적인 방법을 찾았고, 기구도 꼭 필요한 것만 들였다. 매출이 들어오면 한 푼도 허투루 쓰지 않고 다시 센터에 투자했다. 그 과정에서 돈의 흐름을 직접 몸으로 배우게 됐다. 만약 큰돈을 빌려 쉽게 시작했다면, 이런 절약과 운영 감각은 결코 얻지 못했을 것이다. 무엇보다 빚이 없으니 불안감보다 자유가 더 컸다. 힘들지만 내 발로 세웠다는 자부심, 그게 다시 나를 버티게 했다. 그래서 나는 지금도 말한다. 금전 도움 없는 창업은 느리지만, 진짜 대표를 만든다고.

   창업을 준비하면서 누군가로부터 경제적인 도움을 받는다는 건 매력적인 제안처럼 들린다. 부모님, 선배, 지인, 혹은 투자자. 당신이 능력 있어 보이고 가능성이 있다고 판단된다면 도움을 주겠다는 손길은 생각보다 쉽게 다가온다. 대부분의 사람은 그런 제안을 쉽게 뿌리치지 못한다. 그러나 나는 분명하게 말하고 싶다. 첫 창업이라면 가능한 한 금전적인 도움을 받지 말아야 한다. 당신의 자금으로, 당신의 계획과 당신의 방식으로 시작해야 한다.

첫 창업은 '수익'이 아니라 '경험'이다. 사람들은 처음 센터를 열 때 가장 먼저 수익을 떠올린다. 하지만 첫 창업은 결과를 위해 존재하는 것이 아니라 이후 10년, 20년의 비즈니스 인생을 좌우하는 기초를 다지는 시간이다. 외부 자본의 도움을 받아 큰 규모의 센터를 연다 해도 그 안에 담긴 경험과 의지가 부족하다면 그 성공은 당신 것이 아니다. 남의 돈으로 만든 결과는 결국 남의 것이 될 가능성이 크다. 창업 초기에 타인의 자금으로 진행한다는 건, 아직 시장에 대한 분석, 시스템, 마케팅, 수업 철학, 운영 능력을 충분히 준비하지 못한 상태에서 운과 타이밍에 기대어 도전하는 것과 다름없다. 그런 창업은 오래가지 못한다.

종잣돈은 단순한 통장 잔고가 아니다. 그것은 무언가를 사지 않고, 하고 싶은 것을 참으며, 미래를 위해 모아온 집약된 의지와 절제의 결과물이다. 그렇게 모은 돈은 가볍게 쓸 수 없는 무게 있는 자산이다. 한 푼, 두 푼 모아온 시간과 땀방울은 이미 창업 성공률을 끌어올린다. 내가 종잣돈을 마련하던 시절, 월급의 80% 이상을 자기계발에 투자했다. 운동기구를 사 보고, 교육을 듣고, 관련 서적을 사서 밤마다 읽었다. 목표는 단 하나, "지금보다 더 나아져야 한다." 스스로 발전하고 있다는 감각은 무한한 자신감이 되었고, 그 자신감이 쌓일수록 창업 준비가 되어 간다는 것을 느꼈다.

진짜 배움은 스스로 겪은 시간에서 온다. 내가 만난 대부분의 성공한 트레이너 출신 대표들은 공통적으로 말단 직원 시절부터 자기에게 아낌없이 투자했고, 부족한 점을 인정하며 공부를 멈추지 않았으며, 수업 외 시간에 책을 읽고, 자격증을 따고, 현장에서 부딪히며 배웠다. 그들은 누구도 가르쳐주지 않은 현장에서 직접 겪으며 배운 것들을 중심에 두고 사업을 키웠다. 그렇기에 나는 말하고 싶다. 외부 자금은 당신의 성장 기회를 앗아간다. 도움은 시행착오를 줄여 주는 대신 당신만이 겪어야 할 성장을 대신해 버린다.

사람은 간절할 때 진짜 에너지를 낸다. 그 간절함은 '배가 고픈 시기'에만 나온다. 돈에 여유가 있고, 빚이 없고, 언제든 돌아갈 곳이 있다고 생각하는 순간 의지는 흔들린다. 창업을 해야 할 이유, 지금 견뎌야 할 이유, 고생하면서도 무너지지 말아야 할 이유가 흐릿해진다. 배부른 사자는 달리는 사슴을 잡지 않는다. 굳이 그렇게까지 하지 않아도 되기 때문이다. 그래서 나는 목표 앞에서 흔들리지 않도록 절실한 상태에서 창업하길 바란다.

경험에서 얻는 성장은 '기간'이 아니라 '밀도'에서 나온다. 10년을 일한 트레이너가 하루 7시간 일했고, 5년을 일한 트레이너가 하루 14시간 일했다면 누가 더 많은 경험을 했을까? 나는 하루 15개 이상의 수업을 소화하면서 대회에 출전했고, 자격증 공부를 병행했으며, 그 모든 시간을 기록으로 남기기 위해 블로그를 운영했다. 피곤했고, 외로웠고, 때로는 무의미해 보였지만 그 시간들이 쌓여 남들과는 다른 수준의 성장을 만들어냈다. 당신도 할 수 있다. 내가 했던 것을 그대로 따라 하라는 뜻이 아니라, 당신만의 방식으로 밀도 있게 시간을 쌓아가라는 의미다.

지금 당신이 지닌 가장 큰 무기는 아무도 도와주지 않는다는 사실일 수 있다. 그것은 모든 성과가 당신의 의지와 노력으로 만들어진다는 뜻이며, 그렇게 만들어진 결과는 누구에게도 빼앗기지 않는 진짜 실력이 된다. 스스로 번 돈으로, 스스로 만든 계획으로, 스스로 감당한 결과로 센터를 운영하는 하루하루가 당신을 '진짜 대표'로 만든다.

트레이너로서 성장했다면 대표가 된 이후에는 또 다른 차원의 학습이 시작된다. 운영 시스템, 인사 관리, 세무, 노무, 고객 데이터 관리, 마케팅 등은 단순히 '경영'이라는 말로 묶을 수 없는 전문 영역이다. 내가 지금 쓰고 있는 이 글도 과거 블로그에 쌓아온 연습의 결과다. 책을 쓰며 지나온 길을 정리했고, 그 정리가 또 다른 기회를 불러왔다. 지금 당신이 하고 있는 기록은 미래의 당신을 한 단계 올려줄 발판이 될 것이다.

당신의 시간은 돈보다 값지다. 오늘도 운동을 가르치고, 고객을 상담하고, 매출표를 들여다보고, 퇴근 후에도 책을 펴는 이유는 단 하나, 당신은 대표가 될 것이기 때문이다. 가끔 누군가 "창업이 그렇게 어렵다면 왜 굳이 하셨어요?"라고 묻는다. 그럴 때 나는 이렇게 대답한다. "내가 피땀 흘려 만든 종잣돈으로, 누구의 도움 없이 일군 첫 매장의 경험은 무엇과도 바꿀 수 없는 내 인생 최고의 자산이니까요." 지금 당신이 혼자서 버티고 있다면 이미 절반의 성공을 거둔 것이고, 곧 관리자와 트레이너를 교육하는 단계로 성장하게 될 것이다.

경영과 마케팅,
두 마리 토끼를 반드시 잡아라

나는 한때 '운동만 잘 가르치면 손님은 알아서 온다.'고 믿었다. 그래서 새벽부터 밤까지 회원 수업만 붙잡았다. 그런데 충격적인 현실은, 아무리 수업을 잘해도 매출은 늘지 않았다는 것이다. 오히려 옆 센터는 트레이닝 실력은 평범해도 마케팅을 잘해 회원이 몰려들었다. 그때 받은 자극은 컸다. "내가 땀 흘린 만큼 결과가 나오지 않는구나." 자존심이 무너졌지만, 그 순간이 전환점이었다. 나는 블로그와 SNS를 배우고, 홍보 글 하나에 몇 시간을 들이며 회원 유입을 만들기 시작했다. 동시에 내부 운영도 숫자로 관리하며 재등록률을 챙겼다. 놀랍게도 반전은 금방 찾아왔다. 회원이 늘고, 만족도가 올라가면서 '경영과 마케팅을 동시에 붙잡는 것'이 진짜 성장이란 걸 깨달았다. 결국 두 마리 토끼를 잡지 못하면, 아무리 뛰어난 실력도 시장에서는 빛을 잃는다.

어느 한쪽만 잘한다고 해서 사업이 오래가거나 크게 성장하지 않는다. 마케팅이 아무리 뛰어나도 내부 경영이 엉망이면 고객은 금방 떠나고, 경영이 아무리 탄탄해도 마케팅이 부실하면 새로운 고객이 유입되지 않는다. 두 축이 균형을 이루어야만 조직은 안정적으로 성장하고, 위기 속에서도 버틸 수 있는 힘을 갖게 된다.

　먼저 마케팅은 우리를 모르는 사람, 관심이 없던 사람들에게 다가가 인지를 시키는 일이다. 세상에는 수많은 제품과 서비스가 존재하고, 소비자의 관심은 한정되어 있다. 그 관심을 잠시라도 붙잡기 위해서는 강력하고 명확한 메시지가 필요하다. 마케팅의 첫 번째 단계는 '존재를 알리는 것'이다. 아무리 좋은 상품과 서비스를 갖고 있어도, 사람들의 머릿속에 우리 이름이 떠오르지 않으면 시작조차 할 수 없다. 인지도는 고객의 마음속에 우리 브랜드의 자리를 만드는 일이며, 이를 위해 광고, 콘텐츠, 이벤트, PR 등 다양한 수단을 활용해야 한다.

　두 번째 단계는 '관심을 가지게 만드는 것'이다. 단순히 이름을 들어본 것만으로는 부족하다. 사람들이 더 알고 싶어 하게 만들어야 한다. 이를 위해선 그들이 원하는 가치와 우리의 강점이 맞닿는 지점을 찾아야 한다. 예를 들어, 헬스장이라면 단순히 "운동하는 곳"이 아니라 "다이어트 성공률 90%", "허리 통증 완화 전문"과 같이 구체적이고 차별화된 포인트를 전달해야 한다. 이렇게 해야만 고객은 검색창에 우리 브랜드를 입력하고, 더 많은 정보를 찾아보게 된다.

　세 번째 단계는 '구매로 이어지게 하는 것'이다. 많은 마케팅이 인지도와 관심 단계에서 멈춘다. 하지만 진짜 성과는 고객이 지갑을 열 때 나타난다. 이를 위해서는 구매 장벽을 낮추고, 믿을 수 있는 근거를 제시하며, 신뢰를 구축해야 한다. 체험권, 후기, 보증제도, 환불정책 등이 그 역할을 한다. 결국 마케팅의 목표는 '우리와 상관없던 사람을 고객으로 만드는 과정'이며, 이 흐름을 설계하고 실행하는 것이 필수다.

반면 경영은 사업의 내실을 다지는 일이다. 경영의 본질은 단순히 돈을 버는 것이 아니라, 지속가능하게 버는 구조를 만드는 데 있다. 이를 위해선 두 가지 측면이 중요하다. 첫째는 '드러나는 본질'이다. 이는 곧 재무 구조, 운영 효율, 인사 관리, 서비스 품질 등 사업을 지탱하는 기초 체력과 직결된다. 매출이 잘 나올 때도 경영자는 재무 건전성을 유지해야 하며, 인건비, 고정비, 변동비를 정확히 분석하고 통제해야 한다. 또 내부 시스템을 표준화해 누구나 일정 수준 이상의 서비스를 제공할 수 있게 만들어야 한다.

둘째는 '교육적인 측면'이다. 사람은 경영의 핵심 자원이다. 직원이 성장하면 회사도 성장하고, 직원이 정체되면 회사도 정체된다. 교육은 단발성이 아니라 지속적인 과정이어야 하며, 직무 능력뿐만 아니라 태도와 마인드까지 다뤄야 한다. 특히 서비스 업종이라면 직원 한 명의 태도가 고객 경험을 완전히 바꿀 수 있다. 따라서 경영자는 교육을 통해 직원들이 회사의 철학과 서비스 표준을 내면화하도록 해야 한다.

여기에 '시설 관리' 역시 빼놓을 수 없다. 깨끗하고 안전하며 쾌적한 시설은 고객 만족도를 크게 높인다. 시설이 낡거나 불편하면 아무리 마케팅을 잘해도 고객은 돌아오지 않는다. 경영자는 시설을 단순한 공간이 아니라 '브랜드를 경험하는 무대'로 봐야 한다. 조명, 냄새, 온도, 음악, 장비 상태가 고객 경험에 영향을 미친다. 세세한 부분까지 관리하는 것이 결국 고객의 재방문과 추천으로 이어진다.

경영과 마케팅은 서로 분리된 영역이 아니다. 마케팅이 약속을 만들면, 경영은 그 약속을 지켜야 한다. 마케팅에서 "최고의 서비스"를 외쳤다면, 경영은 실제로 최고의 서비스를 제공할 수 있도록 사람과 시스템을 준비해야 한다. 반대로 경영이 아무리 완벽해도, 그 가치를 알리는 마케팅이 없다면 고객은 존재조차 모른다. 결국 이 둘은 앞뒤가 맞물린 톱니바퀴와 같다. 한쪽이라도 멈추면 전체가 멈춘다.

리더가 이 두 가지를 모두 잡으려면 우선 순위를 명확히 하고, 각 부문에 필요한 자원과 시간을 적절히 배분해야 한다. 마케팅은 단기적으로 효과를 볼 수 있는 활동과 장기적으로 브랜드를 키우는 활동을 병행해야 한다. 경영은 당장의 비용 절감뿐 아니라, 장기적인 성장과 지속 가능성을 위한 투자를 이어가야 한다.

결국 성공하는 사업은 '바깥에서 사람을 끌어오고(마케팅)', '안에서 그 사람을 만족시켜 오래 머물게 하는 것(경영)'을 동시에 해낸다. 마케팅이 없으면 고객이 오지 않고, 경영이 없으면 고객이 머물지 않는다. 이 두 마리를 모두 잡아야만 사업은 안정적으로 성장하며, 위기 속에서도 흔들리지 않는 탄탄한 조직을 만들 수 있다.

피트니스 11년 생존노트

사업하기 전, 나를 검증하기

　사업을 시작하기 전에 반드시 해야 할 일 중 하나는 두려움과 마주하는 것이다. 대한민국 사회에서 '사업'이라는 단어는 오랫동안 부정적인 맥락으로 받아들여져 왔다. 누군가에게 "사업을 하려고 해."라고 말하면 열 명 중 여섯은 고개를 저으며 말릴지도 모른다. "안정적인 게 최고야." "괜히 힘들게 왜 그래?" "너 아직 준비도 안 됐잖아."라는 말들이 따라온다. 하지만 잘 생각해 보면, 그들은 단순히 '사업'이라는 단어 자체 때문에 반대하는 것이 아니다. 당신이 하려는 사업의 실체, 그리고 그것을 이야기하는 태도와 진정성을 함께 보고 있는 것이다.

　"나 사업할 거야."라는 말이 설득력을 가지려면, 사람들은 그 단어뿐 아니라 표정, 목소리, 눈빛, 준비의 깊이까지 함께 본다. 말보다 중요한 건 태도이며, 계획보다 중요한 건 실행의 흔적이다. 제대로 준비되지 않은 채 그저 "사업을 할 거야."라고 말한다면 주변의 반응은 차갑거나 회의적일 수밖에 없다. 그 반응에 서운해하거나 "왜 내 진심을 몰라주지?"라는 생각이 든다면, 그것은 투정일 뿐이다. 진정 준비된 사람은 남을 원망하지 않는다. 타인의 응원이 부족한 게 아니라, 자신의 설명과 실행력이 부족한 것이다.

"내가 알아서 할 거니까 왜 남을 설득해야 해?"라고 말할 수도 있다. 맞는 말이다. 사업은 모든 책임이 나에게 돌아오는 일이기에 남의 허락을 받을 필요는 없다. 그러나 정말 준비가 되었다면 주변 사람 정도는 설득할 수 있어야 한다. 그들이 당신을 믿게 만들 수 있어야 한다. 이는 단순한 설득 기술이 아니라 준비의 깊이와 진정성을 증명하는 과정이다. 당신이 준비한 단어 하나, 문서 하나, 계획 하나가 주변 사람들의 눈빛을 바꾸는 순간, 당신은 이미 사업가의 길에 한 발을 내디딘 것이다.

나의 첫 설득 대상은 가족이었다. 아버지는 공무원이셨고, 내가 체육교사가 되어 안정적인 삶을 살길 바라셨다. 처음 "사업을 하고 싶다."고 말했을 때 아버지는 단호히 반대하셨다. 그 속에는 걱정과 불신, 현실적인 우려가 담겨 있었다. 하지만 나는 물러서지 않았다. 이미 마음은 결정되어 있었고, 그 결정을 지지받기 위해 행동으로 보여주는 수밖에 없었다. 부모님을 앉혀두고 사업의 목적, 구조, 수익 모델, 예상 지출, 마케팅 전략까지 PPT를 발표하듯 조리 있게 설명했다. 처음엔 고개를 저으시던 부모님도 끝까지 듣고 난 뒤에는 조용히 고개를 끄덕이셨고, 그날 이후 진심으로 응원해주셨다.

가족은 단순히 금전적 지원자가 아니라, 실패했을 때 기댈 수 있는 울타리다. 지치고 무너질 때 다시 일어설 수 있도록 잡아 줄 존재다. 그래서 가족에게 사업을 말할 때는 예의와 진심, 전략을 함께 보여야 한다. 이는 허락을 받기 위한 것이 아니라, 스스로가 정말 준비되었는지를 검증하는 거울 같은 과정이다. 가족에게 손을 벌리지 않더라도 그들이 든든한 지지자가 되게 만드는 것, 그것이 사업 이전에 반드시 거쳐야 할 과정이다.

가족의 돈으로 만든 사업은 온전히 당신의 것이 아니다. 아무리 성공해도 그 자금이 부모님의 호주머니에서 나왔다면 감사와 함께 부담이 따라온다. 결정 하나에도 간섭이 생기고, 어느 순간 사업이 '가족의 비즈니스'로 변질될 수 있다. 성인이 된다는 것은 자신의 결정에 책임지는 일이다. 돈을 쓰는 자유만큼 그 결과도 스스로 감당해야 한다.

가족을 설득했다면 다음은 친구, 지인, 업계 사람들에게 사업 이야기를 해 보라. 찬성을 얻기 위한 것이 아니라, 말하는 과정에서 준비되지 않은 부분을 발견하고 조언과 질문을 통해 더 많은 인사이트를 얻기 위함이다. 어떤 상권이 좋은지, 어떤 인테리어 자재가 가성비가 좋은지, 어떤 기구 업체가 믿을 만한지, 어떤 가격 정책이 통하는지… 완벽하게 검증되지 않았더라도 괜찮다. 귀 기울이는 태도만으로도 많은 사람들이 도움을 주고 싶어할 것이다.

센터를 오픈하지 않았더라도, 사업자 등록증이 없더라도 이 과정을 진지하게 밟고 있다면 이미 대표가 되어가고 있는 중이다. 트레이너로서 키워온 실력 위에 생각의 깊이, 설득의 힘, 사업의 구조가 더해지고 있다. 누군가를 설득하고, 이야기를 경청하며, 계획을 다듬고, 신뢰를 쌓는 모든 과정은 곧 센터의 철학과 운영 방식이 된다.

가족을 설득할 수 있는가? 친구에게 설명할 수 있는가? 업계 사람들과 대화할 수 있는가? 비판에 귀 기울일 수 있는가? 피드백을 반영할 수 있는가? 이 질문에 모두 'YES'라고 답할 수 있다면, 당신은 이미 준비된 창업자다. 이제 남은 건 행동으로 실행하는 것뿐이다.

대표의 메타 인지

    처음 대표가 되었을 때 나는 내가 누구보다 열심히 하고 있다고 생각했다. 새벽에 나와 불을 켜고, 마지막까지 센터를 지켰으니 '이 정도면 충분하다.'고 착각했다. 그런데 어느 날 직원 한 명이 말했다. "대표님은 열심히 하시는데… 저희가 뭘 해야 할지는 잘 모르겠어요." 그 말이 충격이었다. 나는 나만 열심히 한 줄 알았지만, 정작 조직은 혼란스러웠던 것이다. 그때 깨달았다. 대표의 메타인지란 '나는 열심히 한다.'가 아니라, '팀원들이 나를 어떻게 보고 있는가?'를 아는 힘이라는 걸. 이후 나는 내 행동을 객관적으로 점검했다. 회의 후 피드백을 직접 물어보고, 팀원들의 입장에서 내 말을 다시 되짚어 보았다. 신기하게도 나를 객관화하니 팀의 흐름이 보였고, 문제도 빨리 잡혔다. 대표의 성장은 결국 자기 자신을 보는 눈, 메타인지에서 시작된다.

    사업을 오래 하다 보면 본인이 옳다고 믿는 방식이 굳어지고, 경험이 쌓일수록 확신도 커진다. 하지만 이 확신은 양날의 검이다. 한쪽으로는 빠른 의사결정을 가능하게 하지만, 다른 한쪽으로는 잘못된 길을 고집하게 만들 수 있다. 그래서 대표는 끊임없이 스스로를 객관화하고, 자신의 생각과 행동을 제3자의 시선에서 바라보는 훈련을 해야 한다.

메타 인지가 없는 대표는 외부 환경이 변해도 자신의 방식이 늘 옳다고 착각한다. 시장은 변하고, 고객의 취향도 변하며, 직원들의 가치관과 기대치도 변하는데, 자신은 여전히 과거의 성공 공식만 붙들고 있다면 서서히 도태된다. 이를 방지하려면 먼저 '나는 틀릴 수 있다.'라는 전제를 마음속 깊이 심어야 한다. 이 전제가 있어야만 새로운 시도를 받아들이고, 다른 사람의 의견을 경청하며, 데이터를 기반으로 판단할 수 있다. 메타 인지가 뛰어난 대표는 스스로의 판단을 의심하는 데 주저하지 않는다. '내가 지금 하는 방식이 정말 최선인가?', '다른 방법이 더 나을 수 있지 않을까?'라는 질문을 습관처럼 던진다.

또한 메타 인지는 단순히 '반성'의 차원이 아니라 '시스템 개선'과 직결된다. 예를 들어 매출이 갑자기 하락했다면, 단순히 외부 요인 탓만 하지 않고 내부 운영, 마케팅 전략, 고객 관리 방식, 심지어 자신의 리더십까지 전부 뜯어본다. 이때 중요한 것은 감정에 휘둘리지 않는 것이다. 자존심을 걸고 변화를 거부하는 순간, 문제는 더 깊어진다. '나는 왜 이런 결정을 내렸는가?', '이 결정에 숨겨진 감정적 요인은 없는가?'를 따져야 한다. 때로는 문제의 근원이 직원이 아니라 대표 자신일 수 있다.

메타 인지를 강화하기 위해 대표가 할 수 있는 방법은 다양하다. 첫째, 기록 습관을 들이는 것이다. 회의에서 어떤 판단을 했는지, 어떤 근거로 결정을 내렸는지, 그리고 그 결과가 어땠는지를 꾸준히 기록하면, 시간이 지나 자신의 판단 패턴을 객관적으로 볼 수 있다. 둘째, 피드백 루프를 만드는 것이다. 믿을 수 있는 내부 핵심 인력이나 외부 멘토에게 정기적으로 사업 현황과 의사결정 과정을 공유하고, 냉정한 피드백을 받는다. 셋째, 의도적으로 낯선 환경에 자신을 노출하는 것이다. 다른 업계의 세미나에 참석하거나, 전혀 다른 분야의 책을 읽거나, 규모가 다른 사업장의 운영 방식을 관찰하면서 기존 관점을 흔드는 자극을 받는 것이다.

대표의 메타 인지는 위기 상황에서 빛을 발한다. 위기는 대부분 예고 없이 찾아오며, 감정적인 반응을 이끌어낸다. 하지만 메타 인지가 있는 대표는 감정보다 데이터와 논리에 집중한다. 예를 들어 갑작스러운 인력 이탈이 발생했을 때, '배신감'이나 '분노'에 매몰되지 않고, 이탈의 원인을 구조적으로 분석한다. 그 결과 시스템의 허점을 찾아내고, 같은 일이 반복되지 않도록 개선한다. 반면 메타 인지가 부족한 대표는 감정적으로 반응하며, 문제 해결보다 탓하기에 집중한다.

결국 메타 인지는 사업의 생존 확률을 높인다. 변화가 빠른 시대에 대표의 가장 큰 적은 외부 경쟁자가 아니라 '스스로에 대한 과신'이다. 매출이 잘 나올 때일수록, 확장 속도가 빠를수록, 직원들이 칭찬할수록 오히려 한 발 물러서서 스스로를 점검해야 한다. '나는 지금 어디로 가고 있는가?', '이 방향이 옳은가?', '더 나은 길이 있는가?' 이 세 가지 질문만 꾸준히 던져도 사업의 궤도는 크게 달라진다.

사업은 결국 대표의 그릇 안에서 성장한다. 그릇을 키우는 방법은 끊임없이 자신을 돌아보고, 배우고, 수정하는 것이다. 메타 인지는 그 모든 과정의 출발점이자 핵심이다. 오늘의 성공이 내일의 실패로 변하지 않게 하려면, 거울을 보는 시간을 게을리하지 말아야 한다. 진짜 위기는 외부에서 오는 것이 아니라, 내부에서 조용히 자라는 자만심과 고집에서 시작된다는 사실을 기억해야 한다. 대표가 매일 잠시라도 자신의 생각과 행동을 점검한다면, 그것이 바로 최고의 위기관리이자 성장 전략이 된다.

창업이 두려운 이유

　나는 창업을 준비하면서도 늘 두려움에 사로잡혀 있었다. 가장 큰 이유는 '만약 망하면 어떻게 하지?'라는 생각 때문이었다. 그동안 쌓아온 시간과 노력, 그리고 주변의 기대까지 무너질까 봐 잠이 오지 않았다. 특히 계약서에 도장을 찍던 날, 떨리는 손으로 사인을 하면서 "이 순간부터는 뒤돌아갈 수 없다."는 현실이 심장을 짓눌렀다. 하지만 동시에 그 두려움 속에서 내 진짜 마음을 확인했다. 안정적인 길보다 불확실한 도전을 선택한 건, 결국 내가 스스로의 가능성을 믿고 싶었기 때문이다. 창업이 두려운 건 실패 때문이 아니라, 나 자신이 준비되지 않았다는 걸 마주해야 하기 때문이다. 나는 그 사실을 받아들이며 매일 준비했다. 지금 돌이켜보면 그 두려움이야말로 나를 더 단단하게 만든 첫 번째 스승이었다.

　두려움은 누구에게나 있다. 덩치가 크고 싸움에 익숙한 사람도, 링

위에서 피 튀기는 싸움을 반복하는 프로 격투기 선수도 마찬가지다. 그들이 무서움을 모르는 것이 아니라, 두려움을 안고도 그 안으로 들어가는 법을 배웠기 때문이다. 처음 시도하는 일 앞에서 느끼는 불안은 우리가 상상하는 것보다 훨씬 크고 무겁다. 손끝에서 시작된 두려움은 온몸을 감싸고, 머릿속에서는 끊임없이 '최악의 시나리오'가 재생된다. 창업도 마찬가지다. 처음 시작하는 사람에게 창업은 단순한 도전이 아니라 때로는 존재 자체를 흔드는 선택처럼 느껴진다.

두려움의 근원은 '책임'이다. 누군가의 밑에서 일할 때는 실수가 있어도 지켜 줄 사람이 있다. 하지만 창업을 선택하면 모든 결과를 혼자 감당해야 한다. 자금이 부족해도, 직원이 퇴사해도, 회원이 클레임을 걸어도, 홍보가 실패해도 누구 탓도 할 수 없다. 모든 문제는 결국 '대표'라는 이름으로 귀속된다. 이 사실을 알기에 사람들은 망설인다. 그러나 두려움의 크기는 문제의 크기보다 내가 감당할 준비가 되어 있는지 여부에 따라 달라진다.

반복은 두려움을 익숙함으로 바꾼다. 창업도 결국 하나의 경험이다. 한 번의 창업으로 세상을 바꾸는 사람은 없다. 실패하더라도 경험이 쌓이면 두 번째, 세 번째 시도는 훨씬 가볍게 느껴진다. 실제로 많은 창업자들이 첫 창업에서 완전한 성공을 거두지 못한다. 하지만 그들은 대부분 다시 창업을 한다. 처음의 두려움을 겪고 나니 그다음은 덜 무섭기 때문이다. 시행착오를 통해 '그렇게 무섭지 않다.'는 것을 체득한 것이다. 성공한 창업가들은 다음 목표를 위해 더 과감하고, 더 효율적으로, 더 날카롭게 움직이며, 매번 겪는 크고 작은 실패를 통해 더 단단해진다.

지점을 여러 개 운영하는 대표들은 이미 창업의 두려움을 반복적으로 통과한 사람들이다. 2호점, 3호점을 열며 기구 도착 지연, 인테리어 공정 지연, 초기 마케팅 실패, 트레이너의 갑작스러운 퇴사 등 수많은 변수를 경험한다. 그때마다 배우고 수정하며 다음에는 더 나은 결정을 내린다. 두려움은 경험 앞에 무뎌지고, 그 경험은 곧 '감각'이 된다. 그들은 두려움을 없앤 것이 아니라 다루는 법을 익힌 것이다.

만약 당신이 지금 창업을 망설이고 있다면 스스로에게 물어보자. 나는 준비가 부족해서 두려운가, 아니면 준비는 되었는데 단지 '시작'이라는 행위가 무서운가? 전자라면 재무 계획을 다시 세우고, 마케팅 전략을 보완하고, 상담 동선을 점검하면 된다. 그것은 기술적인 문제이며 노력으로 해결할 수 있다. 하지만 후자라면 이야기가 다르다. 마음의 두려움은 준비가 완벽해도 사라지지 않는다. 두려움은 늘 '첫발'을 내딛기 전 가장 크게 작용하기 때문이다.

어릴 적 내 친구 한 명은 목욕탕에 가면 마지막에 항상 사물함 키를 냉탕 한복판으로 던졌다. 이유를 묻자 그는 "찬물이 너무 무서운데도 들어가고는 싶으니까, 미리 도망갈 길을 없애는 거"라고 했다. 찬물 앞에서 늘 망설였지만 키를 던지고 나면 결국 심호흡 몇 번 후 조용히 냉탕에 몸을 담갔고, 가장 오래, 가장 시원하게 시간을 보냈다. 지금 당신의 두려움은 실제로 겪게 될 일보다 훨씬 크다. 준비가 되었다면 이제 당신의 키를 냉탕 한가운데로 던질 차례다. 망설이지 말고, 직진할 수밖에 없는 상황을 만들어라.

두려움은 생각이 깊어질수록 커진다. 생각을 너무 오래 하면 시작은 멀어지고, 실패의 그림자는 더 선명해진다. 그래서 때로는 '냅다 달리는' 용기가 필요하다. 그것은 무모함이 아니라, 충분히 준비한 사람이 내딛는 단 하나의 큰 발걸음이다. 지금 당신의 손에는 준비와 경험, 그리고 실행력의 단서가 쥐어져 있다. 그렇다면 이제 할 일은 하나다. 그 키를 던지고 두려움 속으로 걸어 들어가라. 거기에는 당신이 생각했던 것보다 훨씬 따뜻한 결과가 기다리고 있을 것이다.

[대표가 되기로 마음먹었다면
이것만은 명심]

　나는 처음 대표가 되었을 때, 모든 걸 혼자 짊어지려 했다. 직원들이 실수하면 내가 직접 해결했고, 문제가 터지면 밤새워 메웠다. 그렇게 하면 책임감 있는 대표로 보일 거라 믿었다. 하지만 현실은 달랐다. 나는 지쳐 가고, 팀원들은 점점 수동적으로 변했다. 그때 깨달았다. 대표는 모든 일을 대신하는 사람이 아니라, 방향을 제시하고 책임을 나누는 사람이라는 걸. 대표가 되었다는 건 혼자 고생하겠다는 각오가 아니라, 모두와 함께 성장하겠다는 결심이다. 그래서 지금도 나는 명심한다. 대표는 '내가 더 많이 한다.'가 아니라, '내가 끝까지 책임진다.'는 자세로 서 있어야 한다는 것을. 그 차이가 결국 조직의 힘을 만든다.

　직원이 실수하더라도, 고객이 계약을 파기하거나, 불만을 제기하더라도 결국 그 모든 책임은 대표에게 귀결된다. 조직의 성패는 외부 요인이 아니라 대부분 대표의 판단과 행동에서 비롯된다. 그러므로 대표가 되기로 마음먹었다면 '이건 제 잘못이 아닙니다.'라는 말은 입에서 사라져야 한다. 책임을 피하는 순간 대표의 존재 가치는 무너진다. 대표는 언제나 "모든 일은 나로부터 시작된다."라는 자세로 임해야 한다.

직장인 시절에는 상사가 결정을 내려주고 그 결정에 따라 움직이면 되지만 대표가 되면 누구도 대신 결정해 주지 않는다. 때로는 불완전한 정보와 제한된 시간 속에서 결정을 내려야 하고 그 결과에 대한 모든 책임도 감수해야 한다. 많은 초보 대표들이 '더 알아보고 결정하자.'며 시간을 끌다가 기회를 놓친다. 완벽한 정보는 존재하지 않는다. 70% 확신이 생기면 결단을 내리는 것이 대표의 몫이다. 잘못된 결정보다 더 위험한 것은 아무 결정도 하지 않는 것이다.

대표는 사람 장사꾼이다. 사업의 본질은 제품이 아니라 사람에 있다. 좋은 사람을 영입하고 나쁜 사람을 걸러내며 사람의 마음을 움직일 줄 알아야 한다. 능력 있는 인재도 관계 관리에 실패하면 떠난다. 그들이 왜 당신의 회사에서 일해야 하는지, 왜 당신을 믿어야 하는지, 왜 끝까지 함께 가야 하는지를 매일 증명해야 한다. 직원뿐 아니라 고객, 투자자, 파트너까지 모든 인간관계가 사업의 자산이 된다. 좋은 평판은 쉽게 쌓이지 않지만 한 번 무너지면 회복하기 어렵다.

돈의 흐름을 장악하는 것도 필수다. 매출이 늘어도 현금이 없으면 사업은 망한다. 대표는 회계사나 재무 담당자에게만 재정을 맡기면 안 된다. 최소한 월 매출, 순이익, 고정비, 변동비, 현금 흐름표는 직접 보고 이해해야 한다. 급여일에 직원 월급을 제때 못 주는 순간 신뢰는 무너지고 조직은 흔들린다. 돈이 부족할 땐 지출을 줄이고, 돈이 있을 때는 미래를 위해 재투자하는 판단을 해야 한다. 특히 고정비와 변동비의 비율을 정확히 알고 관리해야 위기 때 대응할 수 있다.

대표는 회사의 문화와 기준을 만든다. 말로만 '우린 고객 중심'이라 외쳐도 대표가 고객 불만을 무시하면 조직 전체가 똑같이 행동한다. 기준은 문서가 아니라 대표의 일상적인 행동에서 형성된다. 직원이 실수했을 때 책임을 함께 지는 모습을 보이면 조직은 더 강해진다. 반대로 대표가 책임을 회피하거나 변명하면 그 문화는 곧 전사적으로 퍼진다. 결국 회사의 색깔과 분위기는 대표가 하루하루 어떻게 행동하느냐에 따라 결정된다.

리스크 관리도 대표의 중요한 역할이다. 리스크는 피하는 것이 아니라 대비하는 것이다. 헬스장이라면 안전사고, 고객 분쟁, 임대 계약 문제, 인력 공백, 시설 고장 등 수많은 변수가 존재한다. 대표는 최악의 상황을 미리 시뮬레이션하고 대책을 준비해야 한다. 위기는 항상 예고 없이 온다. 위기 앞에서 당황하는 대표는 조직 전체를 공포로 몰아넣는다. 반대로 차분하게 대책을 실행하는 대표는 위기를 기회로 바꾼다.

자기 관리 역시 빼놓을 수 없다. 대표가 지치면 조직도 지친다. 체력, 멘탈, 인간관계, 학습 — 모든 것이 균형을 이뤄야 한다. 운동을 하고, 충분히 자고, 책을 읽으며 사고의 폭을 넓혀야 한다. 피곤과 스트레스가 쌓이면 판단이 흐려지고 결국 잘못된 결정을 내리게 된다. 대표의 건강은 곧 조직의 건강이다. 주변에서는 대표가 강인한 것처럼 보이길 바라지만 속이 무너져 있다면 결국 경영에도 금이 간다.

배우는 것을 멈추지 않는 것도 중요하다. 시장은 하루가 다르게 변하고 고객의 니즈도 변한다. 과거에 성공한 방식이 내일도 통할 것이라는 보장은 없다. 교육과 네트워킹, 현장 탐방, 독서를 통해 새로운 인사이트를 계속 흡수해야 한다. 대표가 배움을 멈추는 순간 회사도 정체된다. 특히 업계 동향과 기술 변화에 둔감한 대표는 빠르게 뒤처진다.

실행력은 대표의 무기다. 아무리 좋은 전략도 실행하지 않으면 종이에 불과하다. 계획을 세웠다면 작은 단위로 쪼개서 바로 실행에 옮겨야 한다. 실행 속도가 빠른 조직일수록 시장에서 살아남는다. 그리고 실행은 대표부터 시작해야 한다. 대표가 먼저 움직이면 조직은 따라온다. 말만 하고 행동이 없는 대표는 신뢰를 잃는다.

마지막으로 외로움을 감당할 수 있어야 한다. 직원이나 가족에게 모든 고민을 털어놓을 수 없는 순간이 많다. 결정의 무게, 책임의 무게, 그리고 그로 인한 불면의 밤을 견뎌야 한다. 그러나 이 외로움을 감당할 수 있어야 진짜 대표다. 외로움을 피하려고 결정권을 나누거나 책임을 회피하면 사업의 중심이 무너진다. 스스로를 지탱하는 내면의 힘이 있어야 장기전을 버틸 수 있다.

대표가 된다는 것은 단순히 명함에 '대표이사'라는 직함을 새기는 일이 아니다. 그것은 매일 수십 개의 결정을 내리고 수많은 문제를 해결하며 조직의 방향을 책임지는 삶이다. 대표는 권한이 아니라 의무의 자리다. 대표가 되기로 마음먹었다면 책임을 지는 용기, 결정을 내리는 담대함, 사람을 움직이는 설득력, 돈을 관리하는 냉정함, 문화를 만드는 솔선수범, 위기를 대비하는 치밀함, 자기 자신을 지키는 절제, 그리고 끊임없는 배움과 실행 — 이 모든 것을 각오해야 한다. 이 각오 없이 대표가 된다면 그 직함은 오래 가지 못한다. 반대로 이 각오를 매일 실천한다면 당신은 어떤 시장에서도 살아남는 진짜 대표가 될 것이다.

게임과 사업

나는 한때 사업을 게임처럼 생각했다. 새로운 아이디어가 뜨면 마치 퀘스트를 깨듯 달려들었고, 매출이 오르면 점수를 얻은 것처럼 짜릿했다. 그런데 곧 깨달았다. 게임은 실패해도 다시 시작 버튼을 누르면 되지만, 사업은 그렇지 않다는 걸. 한번 잘못된 선택은 빚으로, 신뢰 손실로, 직원들의 생계로 이어졌다. 그 충격이 컸다. 하지만 반대로 배운 것도 있다. 게임에서 경험치를 쌓듯, 사업에서도 작은 실패는 값진 레벨업이 된다는 사실이다. 나는 실패할 때마다 기록했고, 원인을 분석하며 다음 판을 준비했다. 그래서 지금은 게임의 재미와 사업의 무게를 동시에 안다. 가볍게 도전하되, 결과는 무겁게 책임지는 것. 그 균형을 잡을 때 비로소 사업은 나에게 단순한 돈벌이가 아닌, 진짜 성장의 무대가 되었다.

창업 상담을 하다 보면 나와 비슷한 또래나 조금 어린 사람들이 종종 묻는다. "대표님, 창업을 시작하려고 하는데 어떻게 시작하면 좋을까요?" 나는 이 질문을 받을 때마다 게임 '스타크래프트'를 떠올린다. 이 책을 읽는 사람이 30~40대라면 이 게임을 기억할 것이다. 블리자드에서 출시된 실시간 전략 게임. 많은 이들의 밤을 새우게 했고, 마우스를 망가뜨릴 만큼 열정을 쏟게 만들었던 게임이다. 사업도 마찬가지다. 복잡하고, 계획이 필요하며, 순서가 있고, 무엇보다 판단력과 자원 운영 능력이 성패를 가른다. 창업의 현실은 스타크래프트라는 전략 게임과 생각보다 많이 닮아 있다.

첫째, 시작 지점은 입지 선정과 같다. 스타크래프트에서는 시작 위치가 자동으로 정해지고, 초반 지형에 따라 유불리가 갈린다. 그러나 현실에서는 입지를 스스로 선택할 수 있다. 문제는 이 '선택'이라는 자유가 큰 부담이 된다는 것이다. 고려해야 할 요소가 많고, 이상적인 입지는 이미 누군가 차지했거나 너무 비싸다. 처음 '여기면 좋겠다.' 싶은 곳은 예산을 훌쩍 넘기거나 입주 조건이 맞지 않을 가능성이 높다. 꿈꾸던 자리에 들어가지 못하게 될 때, 현실은 처음부터 당신의 기준을 시험한다. 그래서 입지를 고를 때는 현실성과 전략성을 함께 고려해야 한다.

둘째, 자원은 접근성이다. 스타에서 자원이 풍부한 지역은 기지를 짓기에 최적이다. 자원 없는 곳에 기지를 세우면 아무리 운영을 잘해도 뒤처진다. 사업도 마찬가지다. 고객과 직원이 쉽게 접근할 수 있는 입지는 장기적인 운영에 있어 매우 중요하다. 내가 처음 근무했던 센터는 지하철역에서 도보 2분 거리에 있었는데, 이런 접근성은 큰 장점이었다. 그러나 유동 인구만 보고 입지를 선택하면 높은 임대료와 경쟁 밀집, 고객 이탈 위험을 감당해야 한다. 초기 비용과 고정비가 높으면 준비와 실력을 발휘하기도 전에 금전 압박으로 무너질 수 있다.

셋째, 평수는 자원의 운용 효율이다. 기지 면적이 너무 작으면 건물 배치가 어렵고, 너무 크면 방어가 힘들다. 사업도 같다. 작은 매장은 매출 한계에 빨리 부딪히고, 큰 매장은 비용 부담과 관리 난이도가 높다. 초기 창업자에게 권장되는 피티센터 평수는 40~80평이다. 40평 미만은 성장에 한계가 있고, 80평 이상은 월세·인건비·장비비 부담이 크다. 내 경험상 부산 기준으로 40평대 월세는 200만 원, 80평대는 400만 원까지가 감당 가능한 상한선이다.

넷째, 주변 경쟁과 자본주의의 논리를 이해해야 한다. 처음에는 경쟁이 없어 보여도, 당신의 센터가 성공하면 주변에 비슷한 센터가 생길 확률이 높다. 당신이 만든 성공 입지는 '검증된 상권'이 되어 자본이 몰린다. 자본주의는 혼자만 잘되게 두지 않는다. 입지를 고를 땐 현재뿐 아니라 앞으로의 변화 가능성과 경쟁 리스크를 함께 봐야 한다.

다섯째, 운영 시뮬레이션은 테크트리와 같다. 스타에서는 상황에 맞게 건물을 올리고, 자원을 모으며, 업그레이드를 한다. 사업도 마찬가지다. 처음부터 큰 센터를 열면 아직 익히지 못한 운영 능력, 직원 이탈, 시장 변화 등으로 쉽게 흔들린다. 입지 선정 → 평수 결정 → 가격 설정 → 수업 구조 설계 → 초기 홍보 → 채용 시스템 구성 등 단계별로 밟아야 한다.

여섯째, 무리한 도전은 경험치를 망친다. 스타에서 빠른 전략이 통할 때도 있지만, 상대가 대비하면 무리수가 되어 패배로 이어진다. 사업도 과도한 초기 투자, 무리한 평수, 감당 못할 임대료는 경험을 쌓기도 전에 실패를 부른다. 첫 2~3년은 조금 적게 벌더라도 운영 감각을 익히는 시간으로 삼아야 한다. 작은 규모에서 수업, 운영, 고객관리, 직원 소통을 배워가야 한다. 그래야 큰 매장을 운영할 자격과 실력을 갖출 수 있다.

스타크래프트는 단순한 게임이 아니다. 자원 관리, 시간 분배, 적의 움직임 예측, 팀원과의 협력까지 모두 사업과 닮았다. 사업도 실시간 전략 게임이다. 변하는 상황 속에서 자원을 효율적으로 쓰고, 다음 단계를 예측하며 준비해야 한다. 처음엔 헤매지만, 몇 번 경험하면 손이 익고 감이 생긴다. 전략이 몸에 배면 그 경험은 다음 사업과 기회에서 강력한 무기가 된다. 이제 당신의 본진을 세우고, 정확한 타이밍에 확장을 누르며, 더 단단한 운영자로 성장하라. 그리고 언젠가 누군가에게 이렇게 말하게 될 것이다. "사업은⋯ 스타랑 비슷해요."

충격은 성장의 신호다

　나는 두 번 크게 무너진 적이 있다. 한 번은 가장 믿었던 사람에게 배신을 당했을 때였다. 함께 미래를 약속했는데 하루아침에 등을 돌리며 모든 걸 가져가려 했다. 또 한 번은 코로나였다. 어느 날 갑자기 매출이 0원이 되어버렸고, 불 꺼진 센터에 홀로 앉아 멍하니 천장만 바라봤다. 그 순간엔 세상이 끝난 듯했지만, 시간이 지나 보니 그것이 내 인생의 가장 큰 성장 신호였다. 배신은 사람을 보는 눈을 키워 줬고, 매출 0원은 새로운 돌파구를 찾게 했다. 온라인 수업을 준비하고, 시스템을 정비하며 체질을 바꾸었다. 충격은 고통스럽지만 동시에 기회다. 무너짐을 경험한 사람만이 진짜 단단해질 수 있다. 나는 그때 배웠다. 충격은 끝이 아니라, 성장하라는 신호라는 것을.

　살다 보면 누구나 예상치 못한 충격적인 사건을 마주하게 된다. 그것이 사업이든, 인간관계든, 건강이든, 한순간에 평온하던 일상이 흔들리는 순간이 온다. 우리는 흔히 이런 사건을 불행, 시련, 재앙이라고 부른다. 그리고 대부분은 그 순간을 두려워하고, 피하려 하고, 빨리 지나가기를 바라며 몸을 웅크린다. 하지만 나는 이렇게 말하고 싶다. "충격적인 사건을 겪었다면 기뻐해라. 지금이야말로 한 단계 더 레벨업할 시간이다."

왜냐하면, 성장과 변화는 대부분 평온한 시기에는 일어나지 않기 때문이다. 사람은 편안하면 안주하게 되고, 익숙한 틀 안에서만 움직인다. 하지만 예상치 못한 충격은 우리를 강제로 그 틀 밖으로 끌어낸다. 기존의 방식, 생각, 습관이 더 이상 통하지 않는 상황에 놓였을 때, 우리는 비로소 새로운 방법을 찾게 된다. 그 과정에서 배우고, 깨닫고, 더 강해진다.

사업을 하다 보면 이 원리를 더 뼈저리게 느낀다. 갑작스러운 매출 하락, 핵심 인력의 퇴사, 믿었던 파트너의 배신, 시장 환경의 급변 등은 처음엔 큰 타격처럼 보인다. 하지만 돌이켜보면, 이런 사건들이야말로 사업을 한 단계 도약시키는 계기가 된다. 위기를 겪으면서 시스템을 재정비하고, 불필요한 요소를 정리하며, 더 단단한 구조를 만들게 된다. 평소에는 미뤄 두었던 혁신과 변화가, 충격적인 사건을 계기로 단숨에 진행된다.

개인적인 삶에서도 마찬가지다. 관계의 끝, 예상치 못한 실패, 건강 문제, 혹은 삶의 방향을 완전히 바꾸게 되는 사건은 그 당시에는 절망처럼 느껴진다. 하지만 시간이 지나고 나면, 그 사건이 없었다면 절대

가지 않았을 길로 들어서게 되고, 그 길에서 더 큰 성장을 이루게 된다. 충격은 고통스럽지만, 동시에 새로운 가능성의 문을 여는 열쇠다.

물론, 이런 사고방식을 갖기 위해서는 마음의 준비가 필요하다. 대부분의 사람들은 충격적인 사건이 일어나면 감정적으로 무너진다. 분노, 슬픔, 혼란, 두려움이 밀려오고, "왜 나에게 이런 일이 일어났을까?"라는 질문만 반복한다. 하지만 이 질문은 우리를 앞으로 나아가게 하지 않는다. 대신 이렇게 물어야 한다. "이 사건을 통해 내가 무엇을 배울 수 있을까? 이 사건이 나를 어디로 데려갈까?" 시선을 문제에서 해답으로 옮기는 순간, 충격은 성장의 연료가 된다.

나는 충격적인 사건을 '레벨업 신호'라고 생각한다. 게임에서도 마찬가지다. 레벨업 직전에는 반드시 강력한 보스 몬스터가 등장한다. 이 보스를 이기지 못하면 다음 단계로 갈 수 없다. 하지만 그 보스를 이기고 나면 새로운 무기, 새로운 기술, 더 넓은 세계가 열린다. 현실도 같다. 충격적인 사건은 우리를 시험하고, 그 시험을 통과했을 때 우리는 이전보다 훨씬 넓고 높은 단계에 올라선다.

그래서 충격을 받았을 때 "왜 하필 지금이야?"가 아니라 "이게 나를 어디로 올려 줄까?"라고 생각해야 한다. 이렇게 사고방식을 바꾸면, 위기가 두렵지 않다. 오히려 새로운 성장의 신호로 느껴지고, 준비된 사람은 그 순간을 기회로 만든다.

결국, 중요한 것은 사건 자체가 아니라, 그 사건을 대하는 우리의 태도다. 같은 충격을 받아도 어떤 사람은 무너지고, 어떤 사람은 도약한다. 차이는 마음가짐과 대응 방식에서 나온다. 충격을 겪었을 때, 자신을 피해자로 규정하지 말고, 스스로를 주인공으로 세워라. "이 사건은 나를 더 강하게 만들기 위해 왔다."라고 받아들일 때, 우리는 어떤 상황에서도 한 단계 더 레벨업할 수 있다.

그러니 다음에 충격적인 사건이 찾아오면 주저앉지 말고, 속으로 이렇게 말하자. "좋다. 이제 한 단계 더 올라갈 시간이다." 이 태도가 당신의 인생을 완전히 바꿀 것이다.

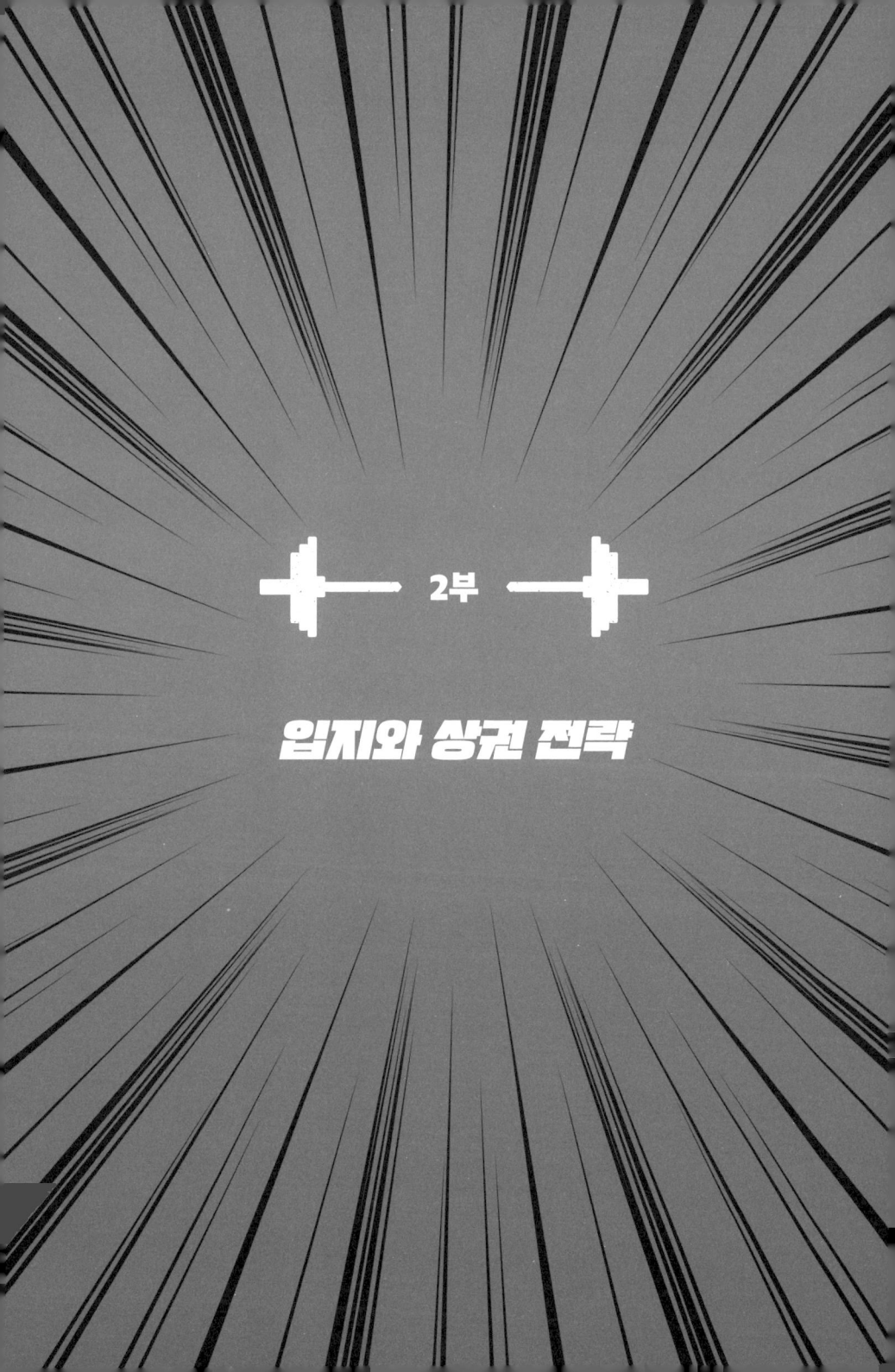

2부

입지와 상권 전략

부동산 방문은 충분히 검토 후 가야 되는 이유

처음 상가를 보러 다닐 때 나는 설렘이 앞섰다. 좋은 자리만 보이면 "여기다!"라는 생각에 바로 계약하고 싶었다. 그런데 실제로 경험해 보니, 부동산은 절대 겉모습만 보고 결정할 일이 아니었다. 예전에 한 번은 위치랑 부동산 말만 믿고 계약했다가 뒤통수를 맞았다. 낮에는 사람들로 붐볐지만 저녁에는 상권이 완전히 죽어 버렸고, 주차 문제까지 겹쳐 회원들이 금세 빠져나갔다. 관리비와 전기 용량 같은 디테일도 꼼꼼히 확인하지 않아 추가 비용에 시달렸다. 그때 느꼈다. 부동산은 계약서 도장 찍기 전까지 수십 번을 검토해야 한다는 것을. 사람 흐름, 건물 구조, 비용 구조, 심지어 건물주 성향까지 하나하나 따져야 한다. 창업은 자본보다 입지가 좌우한다. 부동산 방문을 대충 하면 몇 년의 노력이 한순간에 무너질 수 있다. 그래서 지금은 발품을 팔아 10번 보고, 또 검증한 뒤에야 비로소 결정을 내린다.

창업을 처음 준비하는 사람들은 대개 가장 먼저 '부동산부터 가야 한다.'고 생각한다. 실제로 부동산 중개소를 방문해보는 이들이 많다. 그러나 낯선 환경, 처음 마주하는 전문 용어, 노련한 중개인의 언변 앞에서 자신이 준비해 왔던 계획과 판단이 쉽게 흔들리는 경우도 많다. 이 장에서는 왜 부동산을 무작정 먼저 찾아가지 않아도 되는지, 그리고 현명하게 임대 공간을 찾는 방법에 대해 이야기하고자 한다.

사람은 본래 '처음'이라는 단어 앞에서 위축된다. 아무리 준비된 사람이라도 처음 겪는 상황 앞에선 긴장하고, 생각해둔 말도 제대로 꺼내지 못한 채 상대의 분위기에 끌려다니기 마련이다. 부동산 중개인들은 언어적 설득력이 매우 높은 전문가들이다. 그들은 하루에도 수십 건씩 상담을 하고, 수많은 초보 창업자들과 대화를 나눈다. 그에 반해 당신은 첫 창업자이자 첫 임대 계약을 준비하는 입장이다. 경험의 차이는 이미 명확하다.

무턱대고 부동산에 방문하지 말고, 최소 이틀 이상 시간을 들여 질문 리스트를 준비하라. 단순히 '보증금 얼마냐?', '월세는 얼마냐?' 정도의 질문은 누구나 한다. 하지만 진짜 중요한 건 관리비 포함 여부, 근처 센터 유무, 소음 관련 민원 가능성, 입주 가능 날짜, 계약 조건(렌탈 프리 여부 포함), 화장실 및 샤워실 구조, 건물 구조의 PT 센터 적합성 등이다. 질문을 메모장에 직접 적고, 반복적으로 수정·보완하며 준비하라. 당신이 준비한 질문 하나하나가 현장에서 당황하지 않고 대화를 주도할 수 있는 힘이 된다.

요즘은 직접 부동산 중개소에 가지 않고도 공간을 찾는 방법이 많다.

가장 기본적인 방법은 건물 외벽에 붙은 '임대문의' 전화번호로 직접 연락하는 것이다. 실제로 나는 이런 방식으로 임대 관련 정보를 수시로 확인하는 것이 취미처럼 되어버렸다. 그 지역을 걸으며 '매물 현장'을 눈으로 확인하고, 직접 통화하며 지역 분위기, 시세, 공실 사유 등을 파악해왔다. 그 경험들이 나중에 합리적인 보증금 협상, 임대 조건 비교, 적정 임대료 판단 능력으로 이어졌다. 이 과정은 단순한 정보 수집이 아니라 사업가로서의 감각을 키우는 훈련이기도 하다.

처음엔 부담스럽고 귀찮게 느껴질 수도 있다. 하지만 직접 걸으며 전화하고, 발로 뛰는 경험은 예상치 못한 기회를 만들어준다. 오랜 기간 비어 있던 공간, 리모델링 전으로 가격이 낮은 매물, 건물주가 임차인을 절실히 찾는 경우 등 이런 공간들은 렌탈 프리 조건(3~6개월 무임대 운영) 같은 혜택이 붙을 수도 있다. 실제로 나는 코로나 시기, 건물주와의 면담 끝에 1년간 렌탈 프리 혜택을 받은 경험이 있다. 이처럼 발품은 그 자체로 정보력과 협상력을 키우는 경험이 된다.

공간을 선택할 때 많은 이들이 건물 상태, 금액, 위치에만 집중하지만 사실 가장 중요한 건 '건물주'와의 관계다. 계약 전에 반드시 확인해야 할 건, 건물주는 센터 운영에 이해가 있는가, 소음·주차 등 민감한 부분에 이해와 융통성이 있는가, 건물의 하자나 유지보수에 적극적인가, 임대료 인상이나 재계약 조건에 유연한가이다. 건물주가 과도한 간섭을 하거나 특이 조항을 넣으려 한다면 미련 없이 자리를 박차고 나올 줄도 알아야 한다. 운영 중 생길 수많은 갈등의 씨앗은 대개 계약 전부터 그 기운이 느껴진다.

계약이 성사되면 당신과 건물주는 단순한 임차인과 임대인이 아니다. 그들은 동반자에 가깝다. 센터가 성장하고, 고객이 늘고, 센터가 지역에서 입소문을 타면 그 건물의 가치도 함께 상승한다. 즉, 임차인인 당신은 건물주의 '자산 증식'에 기여하는 존재가 된다. 따라서 단순히 임대료를 내는 '을'이 아니라 건물 가치를 함께 높이는 파트너로 스스로를 포지셔닝하라.

오랫동안 공실로 남아 있던 건물, 유동 인구는 있지만 매력적인 매장이 들어서지 않았던 공간. 이런 곳에 당신이 깔끔하고 수준 높은 센터를 운영한다면, 건물주는 당신을 통해 건물 전체의 가치를 회복하게 된다. 그 인식을 만들어야 한다. "제가 이 공간을 어떻게 바꿔놓을지 보여드리겠습니다." "저는 장기적으로 이 건물을 브랜드화시키고 싶습니다." "저는 월세보다 훨씬 더 큰 가치를 드릴 수 있는 사람입니다." 이런 태도를 통해 당신은 렌탈 프리, 조건 완화, 재계약 시 우대 등 훨씬 유리한 조건을 협상할 수 있게 된다.

결론적으로, 부동산에 가는 것이 나쁜 건 아니다. 하지만 부동산만 믿고 무턱대고 움직이는 건 매우 위험한 선택이다. 스스로 조사하고, 메모하고, 발로 뛰고, 직접 전화하고, 건물주를 파악하고, 관계를 다져나가는 과정. 이 모든 것이 창업자의 안목과 판단력, 협상력, 장기적 운영 능력을 키우는 자산이 된다. 그리고 어느 순간, 당신은 더 이상 '공간을 빌리는 사람'이 아니라 그 공간의 가치를 함께 만들어가는 사람이 되어 있을 것이다.

메인 상권에 들어가지 않는 이유

처음 창업을 준비할 때 나는 누구나 말하듯 "메인 상권에 들어가야 성공한다."는 말을 믿었다. 그래서 큰돈을 감수하고 중심 상권을 알아봤다. 하지만 직접 발로 뛰어본 결과 충격을 받았다. 임대료와 권리금이 너무 높아 고정비만으로도 이미 숨이 막혔고, 주변 경쟁업체들은 치열한 가격 전쟁을 벌이고 있었다. 한 번은 메인 상권 한복판 매장을 실제로 운영하는 대표를 만나 이야기를 들었는데, 겉으론 화려해 보였지만 실제로는 월세에 치이고 늘 적자에 허덕이고 있었다. 그때 깨달았다. 눈에 잘 띈다고 해서 반드시 성공하는 게 아니라는 것을. 오히려 약간 비켜간 골목, 생활권에 가까운 자리에서 회원과 오래 관계 맺는 편이 훨씬 안정적이었다. 지금 내 매출을 만든 건 화려한 메인 상권이 아니라, 고객과 호흡하며 신뢰를 쌓을 수 있는 생활 밀착형 상권이었다.

처음 창업을 준비할 때 누구나 한 번쯤은 넓고 화려한 센터를 꿈꾼다. 깔끔하게 정리된 프런트, 최신식 기구와 반짝이는 바닥, 명함에 박힌 '대표'라는 단어, 주변의 부러운 시선, 실력 좋은 트레이너를 스카웃하고 전단지를 뿌리며 오픈 기념 이벤트를 성대하게 여는 모습은 상상만 해도 짜릿하다. 그러나 동시에 그 상상은 매우 위험하다. 초보 창업자가 가장 많이 하는 착각 중 하나는 "좋은 상권이면 어떻게든 된다."는 것이다. 하지만 진짜 무서운 건 좋은 상권이 아니라 그 상권을 감당할 능력이 부족한 나 자신이다. 경험과 시행착오를 통해 내공을 쌓기 전에는 수없이 시도하며 배우는 과정이 필요하다. 그러나 비싼 임대료의 메인 상권에 들어서는 순간 100번의 시도 기회가 10번, 혹은 5번으로 줄어들고 실패 허용치가 극단적으로 낮아져 처음부터 벼랑 끝에서 시작하게 된다.

돈으로 만든 센터는 약하다. 초기 자본금이 많다고 기구, 인테리어, 마케팅에 큰 비용을 투입하더라도 경험이 없으면 위기 상황에서 대응할 운영 내공이 없다. 고객이 빠져나가거나 기구가 고장 나고, 인건비가 예상보다 높아지면 작은 문제에도 센터가 흔들린다. 천장에서 물이 새거나, 샤워실이 막히거나, 기구 교체 등 수백만 원이 드는 상황은 초기에는 치명적이다. 설령 단기적으로 수익이 나더라도 경험이 부족하면 재투자 방향을 알지 못해 감에 의존하게 되고, 결국 수익은 흘러가며 장기적 안정으로 이어지지 못한다.

폐업은 생각보다 잔인하다. 남은 회원 환불, 직원 급여 정산, 기구와 가구 헐값 처분, 임대 위약금, 미지급 세금·관리비·광고료, 개인 보증금 상환까지 심리적·금전적으로 처절한 붕괴에 가깝다. 큰 센터로 시작한 사람은 한 번 가진 '스케일'이라는 자존심 때문에 작은 창업이 어려워지고, 무리한 재창업으로 실패를 반복하기 쉽다. 그렇기에 작은 규모로 시작할 용기가 필요하다. 월세 200만 원 이하, 30평~60평, 직원 없이 대표 1인 운영 가능, 고객 30명~50명 수준 관리 가능 규모라면 위기에 대응 가능하고 운영의 디테일을 챙길 수 있다. 직접 수업, 홍보, 청소, 상담, 분석을 하며 쌓는 경험이 진짜 대표로 성장시키는 자산이 된다.

메인 상권은 화려함 뒤에 높은 임대료, 비싼 권리금, 까다로운 건물주, 치열한 경쟁이라는 위험을 숨기고 있다. 실제로 메인 거리의 피트니스 센터는 자주 바뀌고 사라진다. 나는 메인 상권을 피하고 한 블럭 떨어진 유동 인구가 적은 지역에 센터를 열었다. 대신 철저한 고객 관리, 정확한 체형 분석, 식단과 운동의 연계, 신뢰 기반 관계 형성을 시스템화했다. 그 결과 멀리서도 찾아오는 고객이 생기고 안정적인 성장이 가능했다. 외곽에서 성공했다면 어디서든 할 수 있다. 입지 조건 없이 고객을 유치하고 만족시켜 재등록과 추천을 받을 수 있다면, 이는 누구도 빼앗을 수 없는 실력이다.

마케팅은 상권을 넘어설 수 있는 무기다. 외곽 지역은 광고 키워드가 분산되지 않아 비용 효율이 높고, 메인 상권과 겹치지 않아 블로그나 SNS 노출이 쉽다. 나는 이를 활용해 외곽 센터를 충성도 높은 고객이 찾는 명소로 만들었다. 결국 중요한 질문은 "넓고 비싼 센터를 갖는 것"이 목표인지, 아니면 "오래 살아남고 신뢰받는 대표가 되는 것"이 목표인지다. 전자라면 이 책을 덮는 것이 좋다. 나는 작은 공간에서 한 명의 삶을 바꾸는 것에서 출발해, 그 고객이 첫 번째 영원한 마케터가 되는 과정을 말하고 있다. 이 반복이 쌓이면 반드시 성공할 수 있다. 이것이 메인 상권을 피하고 성공을 시작하는 가장 현실적인 방법이다.

메인 상권에 들어가려면
이것 준비

　메인 상권에 들어가려면 첫째, 자본을 장기전으로 버틸 만큼 확보해야 하고, 둘째, 경쟁을 뚫을 독보적 차별성을 갖춰야 한다. 그 준비 없이는 화려한 입지도 오히려 무덤이 될 뿐이다.

　메인 상권에 들어간다는 것은 단순히 매장 위치를 잘 잡는 문제가 아니다. 그것은 전쟁터 한복판에 들어가는 것과 같다. 유동인구가 많고, 눈에 띄는 자리는 그만큼 경쟁이 치열하며, 임대료와 운영비 부담도 크다. 그래서 '메인 상권 진입'은 준비가 부족한 상태에서 시도하면 실패확률이 높고, 반대로 철저히 준비한 사람에겐 폭발적인 성장을 안겨 줄 기회가 된다. 그렇다면 메인 상권에 들어가기 전 반드시 준비해야 할 것은 무엇일까? 첫째, 확실한 상품력이다. 메인 상권의 장점은 유동인구가 많다는 것이지만, 그것은 동시에 고객의 선택지가 많다는 뜻이기도 하다. 수십, 수백 개의 경쟁 매장 중에서 고객이 굳이 내 매장을 선택할 이유가 있어야 한다. 그 이유는 마케팅이 아니라 상품 자체에서 나와야 한다. 제품이나 서비스의 퀄리티가 좋고, 다른 곳에서 쉽게 경험할 수 없는 무언가를 제공해야 한다. 유행하는 콘셉트를 따라 하는 것만으로는 부족하다. 메인 상권은 단골 확보 전에 평가가 빠르게 내려지는 곳이므로, 첫 경험에서 강렬한 인상을 남겨야 한다.

둘째, 재무 체력이다. 메인 상권은 임대료가 높다. 게다가 인테리어, 초기 홍보, 인건비, 재고 비용까지 합하면 초기 자본 소모가 크다. 따라서 최소 6개월에서 1년치 운영자금을 확보한 상태에서 시작해야 한다. 초반 매출이 기대보다 낮더라도 버틸 수 있는 자금력이 없다면, 단기간에 포기하게 된다. 재무 체력은 단순히 자본금 규모만이 아니라, 고정비와 변동비를 철저히 계산해 놓는 계획 능력까지 포함한다. 특히 매출이 오를 때 고정비 비율을 유지하고, 유동성 위기가 오더라도 자금 흐름을 안정적으로 관리할 수 있는 시스템이 필요하다.

셋째, 차별화된 브랜드 이미지다. 메인 상권에서는 고객이 매장을 스쳐 지나가면서 단 몇 초 만에 방문 여부를 결정한다. 이 짧은 순간에 마음을 사로잡으려면 간판, 매장 외관, 로고, 색감, 진열 방식 등에서 브랜드 아이덴티티가 분명해야 한다. '저긴 뭐 하는 곳이지?'라는 호기심을 유발하면서도, 동시에 '들어가면 좋은 경험을 할 수 있겠다.'는 기대감을 줘야 한다. 이 브랜드 이미지는 온라인과 오프라인에서 일관되게 유지돼야 하며, 특히 SNS와 연계된 마케팅이 필수다. 메인 상권은 방문 전 검색하는 고객이 많기 때문에, 오프라인 경험과 온라인 노출이 자연스럽게 연결돼야 한다.

넷째, 운영 매뉴얼과 인력 관리 체계다. 메인 상권은 고객 수가 많아 운영이 바빠질 수밖에 없다. 그런데 시스템이 갖춰져 있지 않으면 서비스 품질이 들쭉날쭉해지고, 불만이 누적된다. 직원 교육은 단순히 친절을 강조하는 수준을 넘어, 매뉴얼 기반의 정확한 서비스 제공, 상황별 대응 방식, 컴플레인 처리 프로세스까지 세부적으로 준비해야 한다. 특히 초반에는 대표 본인이 직접 현장을 지휘하며 문제를 빠르게 수정하고, 고객 경험을 안정화시켜야 한다.

다섯째, 상권 분석과 경쟁 매장 리서치다. '메인 상권'이라는 이유만으로 좋은 성과를 거두는 시대는 지났다. 같은 상권 안에서도 유동인구의 동선, 방문 시간대, 고객층의 소비 패턴이 다르다. 경쟁 매장은 어떤 가격대와 콘셉트를 쓰는지, 강점과 약점은 무엇인지 분석해야 한다. 또, 상권의 계절별 변화와 이벤트 시기까지 파악해야 한다. 예를 들어 관광지 메인 상권이라면 주말과 평일 매출 편차가 크고, 특정 시즌에 매출이 집중되는 경우가 많다. 이런 데이터 없이 진입하면 초반 호황 뒤 급격한 매출 하락을 경험할 수 있다.

마지막으로, '버티는 힘'이다. 메인 상권은 초반에 경쟁과 비용 부담이 크기 때문에, 심리적으로 버티는 힘이 필요하다. 오픈 직후 매출이 기대 이하라고 해서 바로 불안해하면 안 된다. 대신 데이터를 기반으로 문제를 분석하고, 빠르게 실행에 옮겨야 한다. 고객 피드백을 적극적으로 수집하고, SNS 반응, 재방문율, 매출 추이를 꾸준히 점검하면서 개선점을 찾는 것이다. 메인 상권의 경쟁자들도 같은 과정을 거치고 있음을 잊지 말아야 한다.

결국 메인 상권 진입은 '위험과 기회의 공존'이다. 준비 없이 들어가면 위험이 현실이 되고, 철저히 준비하면 기회가 현실이 된다. 상품력, 재무 체력, 브랜드 이미지, 운영 시스템, 상권 분석, 그리고 버티는 힘까지, 이 6가지를 준비했다면 비로소 메인 상권에서 살아남을 수 있다. 그곳에서 성공하는 사업은 단순히 자리가 좋아서가 아니라, 자리에 걸맞은 준비를 했기 때문이다.

매물을 확보하는 방법

처음엔 좋은 매물이 나오면 부동산에서 바로 연락이 올 거라 믿었다. 하지만 현실은 달랐다. 내가 움직이지 않으면 매물은 이미 다른 사람 손에 넘어가 있었다. 실제로 한 번은 괜찮은 자리가 있다는 소식을 듣고 나흘 뒤에 갔더니, 계약이 끝나 있었다. 그때 충격을 받았다. 매물을 확보하려면 발품과 관계가 전부라는 걸. 그래서 나는 부동산 중개인과 꾸준히 연락을 유지하고, 하루에도 몇 군데씩 직접 돌아다녔다. 공실 안내문이 붙은 건물엔 직접 전화를 걸고, 건물주와도 자주 만나 관계를 쌓았다. 그러다 보니 시장에 나오기도 전 단계의 '숨은 매물'을 먼저 제안받을 수 있었다. 매물 확보는 눈에 보이는 광고가 아니라, 내가 얼마나 적극적으로 발로 뛰고 신뢰를 쌓았느냐에 달려 있었다. 결국 좋은 자리는 기다리는 게 아니라, 스스로 찾아내는 것이다.

매물을 확보하는 것은 단순히 '좋은 자리를 찾는 것'이 아니라, 그 자리를 '얻어내는 과정'이다. 센터 오픈 준비와 자금이 마련됐다면, 발품과 인간관계가 시작이다. 오픈할 지역의 부동산 10곳 이상을 직접 찾아가 커피 한 잔과 함께 인사를 나누고, 원하는 조건을 명확히 전달하며 지속적으로 연락하자. 좋은 매물은 공개 전에 신뢰 있는 고객에게 먼저 전달되는 경우가 많다. 중개 수수료를 전략적으로 활용해 "나를 먼저 생각해 달라."는 메시지를 주는 것도 방법이다. 마음에 드는 건물이 있다면 부동산을 거치지 않고 건물주에게 직접 연락해 공실 발생 시 연락을 달라고 미리 부탁하자. 확장 계획이 있다면 안정적인 운영 실적과 대표로서의 신뢰가 건물주의 판단에 긍정적인 영향을 준다. 매출이 뛰어난 지점이라면 장기적으로 건물 매수도 고려할 수 있다. 이를 위해선 건물주와의 관계를 '파트너십'으로 보고, 명절 인사나 소소한 배려로 신뢰를 쌓는 것이 중요하다. 신뢰 관계는 월세 동결, 계약 조건 완화, 유지보수 우선 배려 등 유리한 협상으로 이어질 수 있다. 매물을 따내는 6단계 전략은 다음과 같다. ① 10곳 이상의 부동산 방문 및 관계 형성, ② 중개 수수료 전략으로 우선순위 확보, ③ 임차 매장 계약 종료 시점 체크, ④ 건물주와 직접 접촉, ⑤ 운영 실적 기반 매수 협상 준비, ⑥ 장기 파트너십 유지. 결국 좋은 입지와 공간은 성실함, 신뢰, 꾸준한 커뮤니케이션 속에서 얻어진다. 이 모든 것이 다음 매장의 문을 열어 주는 열쇠다.

헬스장은 부동산 사업이다

　헬스장은 단순히 운동을 가르치는 공간이라 생각했는데, 운영을 해 보니 본질은 부동산 사업이라는 걸 깨달았다. 처음 오픈할 때는 기구와 프로그램만 신경 쓰면 된다고 믿었다. 그런데 실제로는 월세, 관리비, 전기·수도 요금, 주차 문제 같은 부동산 요소가 성패를 갈랐다. 한 번은 좋은 위치라고 판단해 계약했는데, 예상치 못한 관리비 폭탄과 층간 소음 민원으로 고생했다. 회원들은 운동보다 시설과 접근성을 먼저 평가했고, 결국 부동산 조건이 곧 매출이었다. 반대로 입지와 건물 조건을 꼼꼼히 따진 지점은 별다른 이벤트 없이도 안정적으로 회원이 채워졌다. 그때부터 나는 헬스장을 경영할 때 "트레이너"가 아니라 "부동산 투자자"의 눈으로 접근했다. 결국 헬스장은 사람 사업이면서도, 동시에 철저히 부동산 사업이라는 사실을 몸으로 배운 셈이다.

　운영 구조를 깊이 들여다보면 본질적으로 부동산 사업의 성격을 강하게 띄고 있다. 이유는 간단하다. 헬스장의 가장 큰 고정비이자 기반 자산은 '공간'이며, 이 공간을 어떻게 확보하고, 개발하고, 활용하느냐에 따라 수익성과 지속 가능성이 결정되기 때문이다. 헬스장 사업은 회원들에게 운동을 제공하는 동시에, 특정 입지와 면적을 확보해 부동산 자산 가치를 극대화하는 구조로 운영된다. 즉, 헬스장은 서비스업인 동시에 공간 비즈니스다.

첫째, 헬스장은 입지와 면적이 성패를 좌우한다. 아무리 훌륭한 트레이너와 장비를 갖추고 있어도 입지가 좋지 않으면 회원 모집이 어렵다. 유동 인구, 주변 인프라, 주차 가능 여부, 접근성 등은 부동산 가치의 핵심 요소이며, 이는 그대로 헬스장의 회원 수와 매출에 직결된다. 특히 헬스장은 최소 수백 평 이상의 넓은 공간이 필요하므로, 일반 상권 분석보다 더 면밀한 부동산 입지 분석이 요구된다. 좋은 입지를 선점하면 운영이 안정되고, 시간이 지날수록 부동산 가치가 상승해 추가적인 자산 이익을 얻을 수도 있다.

둘째, 헬스장은 고정비 구조가 부동산에 종속되어 있다. 월세는 헬스장의 가장 큰 비용 항목이며, 이는 수익 구조와 직결된다. 임대료가 지나치게 높으면 아무리 회원 수가 많아도 순이익이 줄어들고, 운영 압박이 커진다. 반대로 적정 수준의 임대료나 자가 보유 건물에서 운영하면 안정적인 수익을 유지할 수 있다. 특히 자가 건물을 보유한 경우, 헬스장 운영 수익과 함께 부동산 가치 상승에 따른 이익까지 동시에 누릴 수 있어 장기적으로 훨씬 유리하다.

셋째, 헬스장은 시설 투자와 리모델링이 부동산 개발과 유사하다. 헬스장을 새로 열거나 리뉴얼할 때는 내부 인테리어, 바닥 공사, 전기·배관 설비, 환기 시스템, 조명, 방음 시설 등 대규모 시공이 필요하다. 이는 단순한 인테리어 수준이 아니라 건물 내부를 목적에 맞게 개발하는 행위와 같다. 이 과정에서 공간 효율성을 극대화하면 동일 면적에서도 더 많은 회원을 수용할 수 있고, 다양한 프로그램을 운영할 수 있어 수익성이 높아진다.

넷째, 헬스장은 장기 계약과 안정적인 임대 구조를 기반으로 한다. 보통 헬스장 운영자는 최소 5년, 길게는 10년 이상의 임대차 계약을 맺는다. 이는 단기적인 유행에 따라 쉽게 이전하거나 철수하는 업종과는 다르다. 장기 계약은 임대료 인상에 대한 변동성을 줄이고, 장기간 동일 입지에서 브랜드를 키울 수 있는 안정성을 제공한다. 부동산 사업에서 '장기 보유 전략'이 중요한 것처럼, 헬스장도 장기 입지 확보를 통해 경쟁력을 유지한다.

다섯째, 헬스장은 시간이 지날수록 공간 가치가 쌓인다. 헬스장이 안정적으로 운영되면 그 공간은 단순한 운동 시설을 넘어 지역 내 커뮤니티 허브로 자리 잡는다. 이는 부동산의 비가시적인 가치를 높이는 요소다. 동일한 건물이라도 '사람이 꾸준히 찾는 장소'라는 브랜드 이미지가 형성되면, 해당 공간의 임대료나 매매가가 상승할 가능성이 커진다.

여섯째, 헬스장은 부동산 자산과 함께 확장 전략을 세울 수 있다. 예를 들어, 한 곳에서 성공적으로 운영하며 브랜드와 회원 기반을 확보하면, 동일 상권이나 인근 지역의 다른 부동산을 매입하거나 임차해 지점을 확장할 수 있다. 이때 기존 운영 경험과 회원 관리 시스템, 인테리어 및 장비 세팅 노하우가 그대로 적용되므로 부동산 투자와 운영 리스크를 줄일 수 있다.

결론적으로, 헬스장은 단순한 운동 서비스업이 아니라 공간을 확보하고, 개발하며, 장기적으로 그 가치를 키워 나가는 부동산 사업이다. 공간 선택이 잘못되면 회원 모집부터 수익 구조까지 전부 흔들리고, 반대로 좋은 입지와 효율적인 공간 활용을 기반으로 하면 운영 수익과 자산 가치 상승이라는 두 마리 토끼를 잡을 수 있다. 따라서 헬스장 사업을 시작하거나 확장하려는 사람이라면, 트레이너나 운영자로서의 역량뿐 아니라 부동산 투자자이자 개발자로서의 안목을 반드시 가져야 한다. 공간을 보는 눈, 장기적인 부동산 가치 상승을 예측하는 능력이 곧 헬스장의 성패를 결정짓는 중요한 요인이다.

경쟁업체 분석하는 방법

　나는 처음엔 경쟁업체를 단순히 가격과 시설만 비교했다. 그런데 그렇게 얕게 본 결과, 차별화 포인트를 찾지 못하고 늘 뒤쫓는 입장이 될 수밖에 없었다. 그래서 방식을 바꿨다. 직접 회원인 척 상담을 받아 보고, 수업 분위기와 직원의 응대 태도, 심지어 내부 청결 상태까지 꼼꼼히 체크했다. 어느 날은 경쟁업체 블로그와 인스타그램을 끝까지 분석하며 어떤 키워드로 회원을 끌어들이는지 기록했다. 그렇게 '분해조립' 하듯 경쟁업체를 뜯어 보니, 내가 놓쳤던 강점과 약점이 보였다. 어떤 곳은 화려한 마케팅에 비해 재등록률이 낮았고, 또 어떤 곳은 시설은 평범해도 커뮤니티 관리로 회원 충성도를 높였다. 그 경험을 통해 배운 건 단순히 남을 따라가는 게 아니라, 철저히 분석해서 내 시스템에 맞게 재구성하는 것이다. 경쟁업체 분석은 흉내가 아니라, 내 강점을 키우는 도구였다.

경쟁업체 분석은 선택이 아닌 필수다. 창업을 한 순간부터 당신은 개인의 성공을 넘어 직원, 고객, 동료를 책임지는 대표가 된다. 이 과정은 누군가를 무너뜨리기 위한 전쟁이 아니라, 시장 속에서 당신만의 경쟁력을 찾고 더 나은 서비스를 만들기 위한 방패이자 나침반이다. 첫 단계는 간단하다. 네이버에 지역명과 'PT', '피트니스', '필라테스' 등을 검색하고, 검색된 업체의 홈페이지, 블로그, SNS를 살펴본다. 트레이너 구성, 프로그램, 인테리어, 기구, 가격대, 리뷰 분위기 등 기본 정보만 모아도 운영 스타일, 타깃 고객, 브랜딩 방향이 보인다. 다만 경쟁업체의 파워링크 광고를 클릭하지 말고 주소를 복사해 이동하는 매너를 지키자. 조사하다 보면 비슷한 방향성을 가진 업체가 있을 수 있는데, 이때 무의식적 모방은 피해야 한다. 그렇지 않으면 가격 경쟁이라는 '치킨 게임'에 빠져 상처만 남는다. 대신 차별점을 찾아야 한다. 예를 들어 경쟁 업체가 남성 트레이너 위주라면 여성 중심 팀을 구성하거나, 고객층의 성향·운동 방식·상담 방식·인테리어·조명·음악까지 세세한 차별화를 시도할 수 있다. 대형 프랜차이즈가 근처에 생겨도 위기만은 아니다. 그들은 의사결정이 느리고 본사 지침에 묶여 유연성이 떨어지지만, 당신은 빠르게 프로그램을 바꾸고, 고객 피드백에 즉각 반응하며, 지역 특성에 맞춰 운영할 수 있다. 실제로 우리도 초기부터 색깔과 브랜딩을 유지하며 가격 경쟁을 피했고, 결국 고객들은 다시 돌아왔다. 신뢰를 기반으로 한 센터는 쉽게 무너지지 않는다. 경쟁 분석은 당신의 위치를 명확히 하고, 시장을 건강하게 키우며, 더 많은 기회를 만드는 과정이다. 피트니스는 운동을 파는 업이 아니라 경험·신뢰·성장·진정성을 전하는 문화사업이며, 이런 방향성을 가진 센터라면 어떤 경쟁도 위협이 되지 않는다.

경쟁업체를 분해조립해라

경쟁업체를 분석할 때 가장 중요한 것은 겉으로 보이는 화려한 외형이나 매출 숫자에만 현혹되지 않는 것이다. 많은 사람들이 사업을 평가할 때 표면적인 자료, 즉 매출 규모, 지점 수, 브랜드 인지도, SNS 팔로워 수 같은 지표를 먼저 본다. 하지만 이는 마치 멀리서 자동차를 보고 "저 차 좋아 보인다."라고 말하는 것과 다를 바 없다. 외형만으로는 이차가 잘 달릴 수 있는지, 내구성이 있는지, 유지비가 얼마인지, 그리고 실제 주행 환경에서 어떤 퍼포먼스를 내는지 전혀 알 수 없다.

진짜 분석은 해체에서 시작된다. 자동차를 만들 때를 생각해 보자. 자동차는 하나의 덩어리가 아니라 수천 개의 부품이 조합된 복합체다. 바퀴, 사이드미러, 백미러, 엔진, 핸들, 창문, 브레이크, 변속기, 배기 시스템, 차체 프레임, 전기 배선 등 각각의 부품이 제 기능을 하고, 이 부품들이 유기적으로 연결될 때 비로소 자동차가 달린다. 그런데 외형만 보고서는 이 각각의 부품이 어떤 상태인지, 서로 얼마나 잘 맞물려 있는지 알 수 없다. 이를 알기 위해서는 차를 분해해야 한다. 바퀴를 떼어내고, 엔진을 분리하고, 내부 부품까지 하나하나 꺼내 본다. 그렇게 해야만 엔진의 성능, 브레이크의 반응 속도, 변속기의 상태, 배선 연결의 안정성을 제대로 평가할 수 있다.

경제업체 분석도 이와 같다. 한 기업이 겉보기에는 매출이 잘 나오고, 성장세가 가파르며, 시장에서 인기가 있는 것처럼 보여도, 내부 구조를 뜯어보면 전혀 다른 모습이 드러날 수 있다. 예를 들어 매출이 100억이라고 해도 원가가 80억, 마케팅 비용이 15억, 관리비가 10억이 나간다면 이미 매년 5억 이상의 적자를 보고 있는 구조다. 겉으로는 엔진이 크고 번쩍이는 스포츠카 같지만, 브레이크가 고장 나서 조금만 속도를 내면 멈출 수 없는 위험한 상태일 수 있는 것이다.

해체 과정에서 우리는 여러 핵심 부품을 살펴봐야 한다.

첫째, 매출 구조를 본다. 단일 상품이나 서비스에만 의존하는지, 아니면 다변화되어 있는지 확인한다. 특정 부문 매출이 전체의 80% 이상을 차지한다면, 그 부문이 흔들릴 경우 회사 전체가 위험에 처할 수 있다.

둘째, 원가 구조를 본다. 원재료비, 인건비, 외주비 등 어떤 비용 항목이 가장 비중이 큰지, 그 비용이 변동 가능한지, 혹은 고정비로 묶여 있는지 분석한다.

셋째, 마케팅과 영업 구조를 뜯어 본다. 신규 고객 유입이 어떤 채널에서 일어나는지, 마케팅 비용 대비 효과는 어떠한지, 고객의 재구매율이나 계약 유지율은 어느 정도인지 확인한다.

넷째, 인력 구조를 살펴본다. 직원 수, 각 부서의 역할 분담, 인건비 비율, 핵심 인재 의존도 등을 점검한다. 특정 인물에게 업무가 과도하게 집중되어 있다면, 그 사람이 이탈했을 때 조직이 마비될 수 있다.

다섯째, 재무 구조를 분석한다. 부채 비율, 현금흐름, 유보금, 투자금 사용 내역 등을 하나하나 확인해야 한다. 매출이 높아도 현금흐름이 불안정하면 당장 월급조차 제때 지급하지 못하는 상황이 발생할 수 있다.

이렇게 하나하나 해체하여 내부를 들여다본 후, 다시 조립하는 과정이 필요하다. 재조립이란, 단순히 분해한 부품을 원래대로 맞춰 놓는 것이 아니라, 불필요한 부품을 제거하고, 노후된 부품은 새 것으로 교체하며, 더 효율적으로 작동할 수 있도록 구조를 재설계하는 것이다. 예를 들어, 마케팅 채널 중 효율이 낮은 곳을 과감히 줄이고, 대신 효율이 높은 채널에 예산을 집중할 수 있다. 인력 구조를 개편하여 업무 효율성을 높이거나, 원가 구조를 개선해 수익성을 강화하는 것도 재조립 과정의 일부다.

겉으로 보기 좋은 회사는 많다. 하지만 해체와 재조립을 거쳐도 여전히 매력적인 회사는 드물다. 실제로 투자자들은 이 과정을 거쳐 의외의 발견을 한다. 겉으로는 소규모이고 인지도가 낮지만, 내부 구조가 탄탄하고 현금흐름이 안정적이며, 고객 충성도가 높은 기업이 있다. 이런 회사는 마치 소형차지만 엔진이 뛰어나고 연비가 좋아 장거리 운행에 강한 자동차 같다. 반대로 대기업이라도 내부 구조가 허술하면, 겉으로는 대형 SUV지만 기름만 많이 먹고 속도도 안 나는 차에 불과하다.

사업가 역시 이 해체·재조립 사고방식을 가져야 한다. 자기 사업이라고 해서 겉모습만 보고 안심하면 안 된다. 특히 매출이 늘어날 때가 가장 위험하다. 왜 늘었는지 구조적으로 분석하지 않으면, 그 성장세가 꺾였을 때 대응할 수 없다. 반대로 매출이 줄어들 때도, 원인을 정확히 찾아내고 필요한 부품을 교체하거나 구조를 변경해야 다시 성장할 수 있다.

결국, 경제업체 분석은 자동차 정비와 같다. 정기적으로 뜯어 보고, 상태를 점검하고, 필요하면 교체와 업그레이드를 해야 한다. 그렇지 않으면 겉으로 번쩍이는 외형에 속아 잘못된 판단을 내리게 된다. 해체와 재조립은 번거롭고 시간이 걸리지만, 장기적으로는 그 과정이 회사를 살리고, 사업가를 지키는 유일한 방법이 된다.

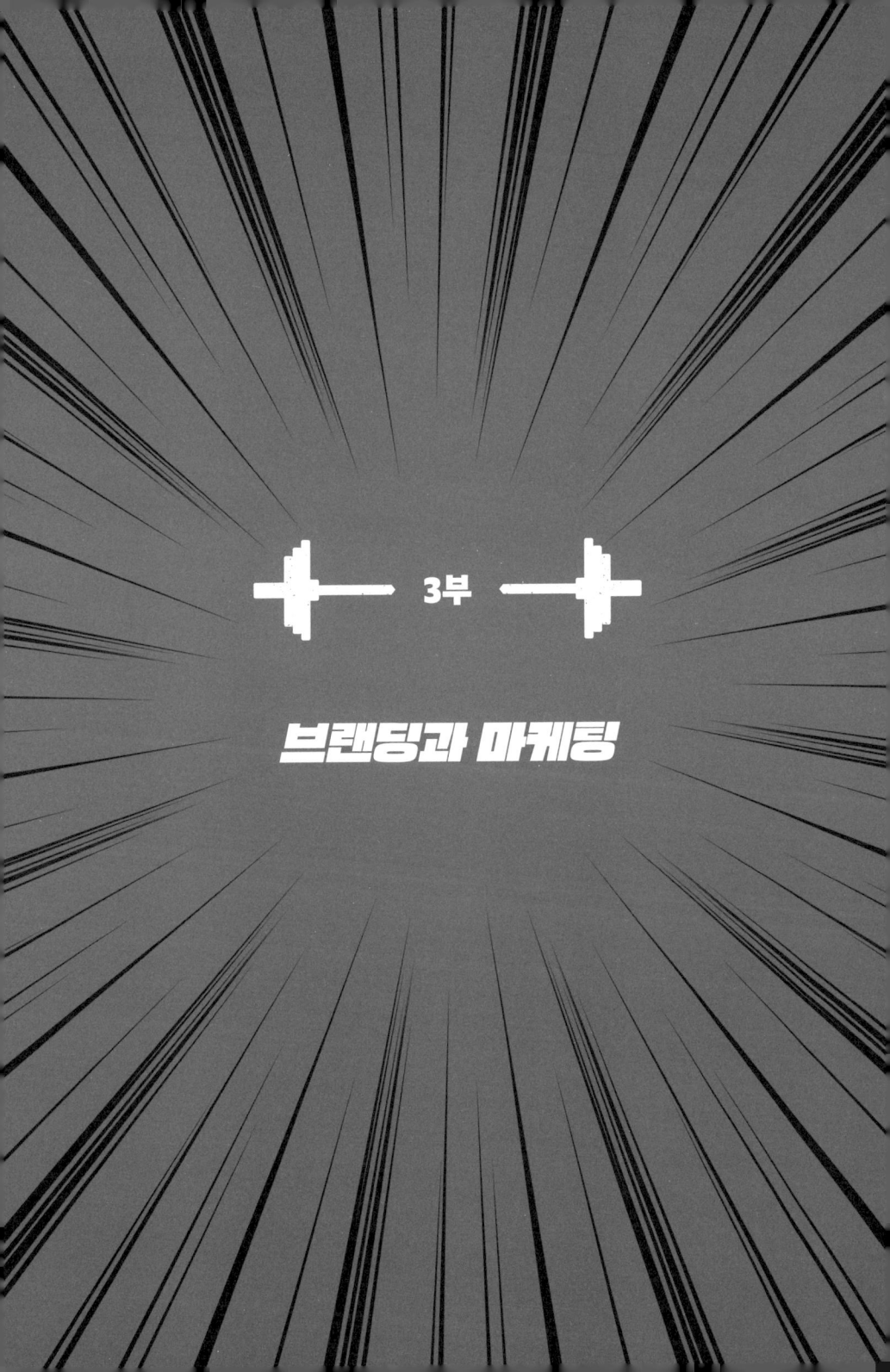

3부

브랜딩과 마케팅

강력한 네이밍, 슬로건, 블로그마케팅

'KN'이라는 이름은 나와 와이프의 이름에서 각각 한 글자씩 따 만든 것이다. 솔직히 말하면 처음에는 그렇게 깊이 고민하지 않았다. 그저 남들과 다르게 보이고 싶은 마음, 특별한 센터를 만들고 싶다는 막연한 열정이 전부였다. 하지만 시간이 지나고 운영에 조금씩 익숙해진 어느 날, 건물에 붙어 있는 내 센터 간판을 물끄러미 바라보다 이런 생각이 들었다. "이 이름이 나와 내 아내 외의 누군가에게는 어떤 의미일까?" 이름은 단순한 단어가 아니다. 그 안에는 철학이 담겨야 하며, 땀과 시간, 가치가 녹아 있어야 한다. 그때 나는 고민했다. 이 이름을 바꿔야 하나? 바꾼다면 어떤 의미를 담아야 하지? 아니면 지금 이 이름 안에 새로운 숨을 불어넣어야 하지 않을까? 결국 나는 후자를 선택했다. 이미 내 인생의 한 챕터를 함께한 이름이었고, 나보다 더 애써온 아내와 함께 만든, 그리고 앞으로도 함께 지켜가야 할 이름이었다. 우리는 며칠간 이름의 의미를 다시 고민했고, 마침내 K는 Keep Going, N은 New Challenge, 즉 "새로운 도전을 계속하자."라는 철학을 담았다. 이 이름은 더 이상 단순한 이니셜이 아닌 철학이 되었고, 직원들과 공유하는 방향성이 되었으며, 고객이 우리를 기억하게 하는 정체성이 되었다. 누군가는 "그거 그냥 끼워 맞춘 거잖아요."라고 말할 수도 있다. 그러나 중요한 건 이름 자체보다 그 이름에 의미를 부여한 의지와 철학을 실천하는 태도다. 이는 직원과 고객, 그리고 나 자신에게 '우리는 무엇을 위해 존재하는가?'를 다시 묻고 대답하게 한다. 슬로건 역시 마찬가지다. 우리의 슬로건은 "우리의 트레이닝이 한 사람의 인생을 바꿀 수 있다." 이 문장은 단순한 문장이 아니라 우리가 일을 대하는 태도이고, 몸뿐 아니라 마음과 삶까지 변화시킬 수 있다는 진정성 있는 사명이자 운영의 모든 선택 기준이다. 슬로건은 직원들에게 방향성을 주고, 그 무게를 이해하고 받아들일 때 센터는 단순한 운동 공간을 넘어 하나의 문화가 된다. 네이밍과 슬로건은 브랜드의 정체성이자 지속 가능한 운영을 위한 강력한 기반이다. 많은 창업자가 이름을 너무 쉽게 짓는다. 예쁜 단어, 유행하는 영어 단어, 감각적인 단어를 아무 의미 없이 사용한다. 하지만 단 한 사람의 기억에 남고, 다시 찾아오게 만들고, 소개하게 하려면 이름은 한 번 들었을 때 기억되고, 철학이 전해져야 한다. 또한 온라인 시대의 이름은 간판 이상의 의미를 가진다. 검색에서 가장 먼저 등장해야 하며, 다른 업체와 겹치지 않아야 한다. 네이버 검색 시 당신의 센터만 노출되게 하는 것이 기본이다. 유사 상호가 많으면 마케팅에서도 밀리고, 심할 경우 법적 분쟁이 생길 수 있다. 검색에서 밀리는 이름은 광고 단가를 올린다. 파워링크, 블로그, 플레이스 등록 등 모든 마케팅 효율이 떨어지고, 결국 같은 예산으로 성과는 줄어든다. 따라서 이름을 정할 때는 반드시 독창성, 상호 중복 여부, 독점 검색 가능성, 발음과 기억 용이성, 스토리 유무를 기준으로 검토해야 한다. 이름을 바꾸는 것은 간판 교체가 아니라 정체성을 재정비하는 작업이다. 당신이 만든 이름이 철학과 팀의 방향, 고객과의 관계에 긍정적인 영향을 줄 수 있어야 한다. 마케팅 관점에서 이름과 슬로건은 검색 키워드, 콘텐츠 제작, 광고 문구, 영상 제목 등 모든 요소의 중심에 있다. '부산 PT', '서면 헬스'와 같은 대중 키워드는 광고 단가가 높지만, 'KN 트레이닝', 'KN 시니어PT'처럼 브랜드명 기반 키워드는 광고 단가가 낮고 전환율이 높을 수 있다. 즉, 100명이 검색해 10명이 등록하는 고비용 키워드보다, 10명이 검색해 5명이 등록하는 독점 키워드가 더 효율적이다. 표본이 좁은 키워드일수록 독점 가능성이 높고, 검색 경쟁률이 낮으며, 브랜드 자체가 키워드가 된다. 앞으로 지점이 늘어나고 사람들이 이름을 기억하며 찾아올 때, 그 이름이 가진 힘을 실감하게 될 것이다. 브랜드는 간판이 아니라 스토리, 철학, 진정성, 그리고 매일 실천하는 태도다. 이름은 브랜드의 시작이고, 슬로건은 그 이름이 가야 할 방향이며, 마케팅은 이를 사람들의 마음에 새기는 일이다. 처음부터 이 점을 인식하고 브랜드의 뿌리를 단단히 심는다면, 어떤 변화가 와도 당신의 센터는 흔들리지 않을 것이다.

블로그를 해야 하는 이유는 단순한 취미나 홍보 수단의 문제가 아니다. 특히 퍼스널 트레이닝(PT)과 같이 고관여 상품을 판매하는 업종이라면, 블로그는 필수 중의 필수다. 고관여 상품이란 고객이 구매를 결정하기 전에 충분히 조사하고, 비교하고, 신뢰를 확인한 뒤에야 결제하는 상품을 말한다. 가격대가 높거나, 서비스 품질이 결과에 직접적으로 영향을 미치는 경우, 그리고 장기간 계약을 해야 하는 경우가 여기에 해당한다. PT는 바로 이런 고관여 상품의 대표적인 사례다.

고객 입장에서 생각해 보자. 월 30만 원에서 100만 원이 넘는 PT 비용을 결제하려는 사람이, 아무런 정보 없이 길을 걷다가 간판만 보고 들어올 확률은 얼마나 될까? 거의 제로에 가깝다. 대부분의 사람들은 '여기 괜찮을까?'라는 의문부터 시작한다. 그리고 그 답을 찾기 위해 검색창을 연다. 한국에서 이 검색은 거의 90% 이상이 네이버에서 이뤄진다. 네이버는 여전히 국내에서 생활 밀착형 정보 검색에 있어 절대적인 플랫폼이다. 특히 지역 기반 검색, 리뷰 확인, 지도, 블로그 노출까지 한 번에 해결할 수 있기 때문에, PT를 알아보는 고객이라면 반드시 네이버를 거친다고 봐야 한다.

블로그가 중요한 또 다른 이유는 '신뢰의 축적'이다. 사람들은 광고보다 실제 경험을 기반으로 한 정보를 더 믿는다. 블로그는 그 자체가 일종의 브랜드 스토리 아카이브다. 내가 어떤 철학으로 트레이닝을 하고 있는지, 어떤 방식으로 수업을 진행하는지, 회원들이 어떤 변화를 겪고 있는지 꾸준히 기록할 수 있다. 단 한 번의 화려한 광고보다, 꾸준히 쌓인 콘텐츠가 고객의 마음을 움직인다. '이 트레이너는 진짜 오래 했구나.', '회원들이 만족하는구나.', '나도 저런 변화를 얻을 수 있겠다.'라는 확신을 심어 주는 것이다.

그리고 블로그는 단순히 홍보를 위한 공간이 아니라, '검색에서 발견되기 위한 무기'다. 네이버의 알고리즘은 최신성, 전문성, 신뢰성을 가진 콘텐츠를 선호한다. 즉, 꾸준히 업데이트되는 블로그는 검색 상위 노출 확률이 높아진다. 상위에 노출되면, 그것만으로도 방문 문의가 발생한다. 반면, 아무리 좋은 시설과 프로그램을 갖추고 있어도 온라인에 발자국이 남아 있지 않다면, 고객의 검색망에 걸리지 않는다. 존재하지 않는 것과 다를 바가 없다.

PT 블로그 운영의 핵심은 '고객의 궁금증에 답하는 글'을 꾸준히 쓰는 것이다. 예를 들어, "30대 직장인 체지방 감량 성공 사례", "허리 통증 있는 회원을 위한 안전한 하체 운동", "식단 관리가 어려운 사람을 위한 현실적인 다이어트 팁" 같은 콘텐츠는 고객이 실제로 검색할 법한 주제다. 이런 주제를 꾸준히 다루면, 내 블로그는 점점 PT 관련 정보의 허브가 된다. 그 과정에서 자연스럽게 '이 트레이너는 전문적이다.'라는 이미지를 얻게 된다.

또한 블로그는 단발성이 아니라, '자산'으로 쌓인다. 인스타그램이나 유튜브도 물론 중요하지만, 이 플랫폼들은 휘발성이 강하다. 시간이 지나면 예전 콘텐츠는 묻히고, 검색을 통해 다시 발견될 가능성이 낮다. 반면, 블로그 글은 검색을 통해 오랫동안 노출될 수 있다. 3년 전에 쓴 글이 오늘도 내게 고객을 데려올 수 있다는 얘기다. 특히 네이버는 지역 키워드와 결합했을 때 강력한 효과를 발휘한다. "부산 사직동 PT", "동래 다이어트 전문 트레이너" 같은 키워드는 내가 있는 지역의 잠재 고객이 직접 입력하는 단어들이다. 이 키워드로 내 블로그가 상위에 노출된다면, 매달 자연스럽게 신규 고객이 들어오는 구조를 만들 수 있다.

여기서 중요한 건, 블로그는 단기간에 성과가 나오지 않는다는 점이다. 초반에는 조회수도 낮고, 글을 쓰는 시간 대비 반응이 미미할 수 있다. 하지만 고관여 상품의 특성상, 고객은 내가 쓴 글을 보고 바로 결제하는 것이 아니라, 몇 번의 방문과 비교를 거쳐 결정한다. 오늘 쓴 글이 3개월 뒤, 6개월 뒤 고객을 데려올 수 있다. 그렇기 때문에 '장기전'이라는 마음가짐이 필요하다. 하루에 한 번 쓰기 어렵다면, 최소한 주 2~3회는 꾸준히 올려야 한다.

또한 블로그는 단순히 글만 잘 쓰면 되는 게 아니다. 사진과 영상, 회원 인터뷰, 전후 비교 사진, 수업 현장 스냅샷 등 시각적 요소를 적극적으로 활용해야 한다. 사람들은 글보다 이미지를 먼저 본다. 이미지가 눈길을 끌면, 비로소 글을 읽는다. 그러므로 사진의 퀄리티, 편집, 조명까지 신경 써야 한다. 가능하다면 스마트폰만으로도 충분히 퀄리티 있는 이미지를 만드는 방법을 익히는 것이 좋다.

마지막으로, 블로그는 '브랜드의 인격'이다. 글투, 표현 방식, 사용하는 이미지에서까지 나와 내 브랜드의 성격이 묻어난다. 친근하고 따뜻한 느낌을 줄 수도 있고, 전문적이고 날카로운 이미지를 줄 수도 있다. 중요한 건, 내가 설정한 브랜드 이미지와 일관되게 가는 것이다. 이렇게 쌓인 블로그는 단순한 홍보 채널을 넘어, 나를 믿고 찾아오는 고객의 '사전 상담 창구'가 된다.

결론적으로, PT를 하는 사람에게 블로그는 선택이 아니라 필수다. 고관여 상품의 특성상, 고객은 반드시 검색을 통해 나를 검증하고, 비교하고, 신뢰할 만한 근거를 찾는다. 그 근거를 제공하는 가장 강력한 방법이 바로 블로그다. 하루라도 빨리 시작해서, 하루하루 쌓아가는 것이 곧 미래의 고객을 만드는 길이다. 오늘의 한 편이, 내일의 계약으로 이어질 수 있다는 사실을 잊지 말자.

내부 브랜딩이
진짜 중요한 이유

처음엔 외부 마케팅에만 집중했다. 블로그, 인스타그램, 전단지로 회원을 끌어오는 데만 힘을 쏟았다. 그런데 놀라운 건, 그렇게 어렵게 들어온 회원들이 오래 머물지 않았다는 것이다. 이유를 곰곰이 따져보니 내부가 문제였다. 트레이너마다 인사법이 다르고, 회원 관리 기준도 제각각이니 고객은 일관성을 느끼지 못했다. 그제서야 깨달았다. 브랜딩은 간판이나 광고가 아니라, 내부 문화에서 시작된다는 것을. 그래서 인사, 말투, 복장, 수업 방식까지 모두 하나의 기준으로 통일했다. 작은 디테일이 쌓이자 회원들은 "여긴 뭔가 다르다."는 말을 하기 시작했고, 자연스럽게 재등록률이 올라갔다. 내부 브랜딩은 고객이 보지 않는 곳에서부터 시작되지만, 결국 가장 강력한 마케팅이 된다. 나는 그때 배웠다. 외부보다 더 중요한 건, 안에서부터 브랜드를 심는 일이라는 걸.

많은 사람들은 브랜드를 이야기할 때 외부 마케팅, 광고, 홍보 전략만 떠올린다. 센터를 예쁘게 꾸미고, 프로모션을 진행하며, 인스타 광고를 집행해 외부에 메시지를 전달하는 것이다. 물론 이것도 중요하다. 하지만 진짜 브랜드의 시작은 센터 내부에서부터 시작된다. 이것을 나는 '내부 브랜딩'이라고 부른다.

내부 브랜딩은 직원들이 우리 센터를 '우리 것'이라고 느끼는 문화를 만드는 것이다. 대표 혼자 브랜딩을 외쳐도 직원이 자신의 센터라고 생각하지 않으면 절대 행동하지 않는다. 고객에게 진심을 다하지 않고, 오래 머물 이유도 없다. 리더는 조직의 결속력을 다지고 직원 개개인을 브랜드 안으로 끌어들일 방법을 고민해야 한다. 그 핵심이 바로 내부 브랜딩이다.

요즘 사람들은 하루에도 몇 번씩 인스타그램을 확인한다. 피트니스 센터의 트레이너도 마찬가지다. 중요한 건, 그들이 자신의 일터를 자주 '스토리'에 올리느냐 여부다. 직원이 하루 일과 중 센터에서의 모습을 자주 올린다면, 센터를 '자신의 공간'으로 인식하는 증거다. 반대로 센터에 대해 전혀 언급하지 않는다면 내부 브랜딩이 약하다는 뜻이다.

나는 직원들이 자율적으로 스토리를 올릴 수 있는 분위기를 만든다. 예전에 한 트레이너가 수업 중 찍은 사진에 "오늘도 좋은 에너지 감사합니다."라는 문구를 넣어 올렸고, 고객이 이를 보고 공유했다. 다음 날 그 트레이너는 고객의 지인에게 PT 문의를 받았다. 이런 사례는 한 번이 아니었다. 트레이너들이 센터 일상, 운동 모습, 고객과의 웃음을 자연스럽게 공유하면서 센터는 SNS 속에서 '살아 있는 공간'으로 자리 잡았다.

스토리 공유는 결속력을 높이는 강력한 수단이다. 단순히 사진 한 장이 아니라, 서로를 인정하고 응원하는 문화가 담긴다. 트레이너 A가 B의 수업을 칭찬하며 올리고, B가 이를 공유하는 구조는 서로를 드러내고 인정하는 관계다. 이는 팀워크를 강화하고 소속감을 만든다. 회식이나 워크숍보다 일상 속 감정 공유가 결속력에 더 큰 힘을 준다.

고객에게도 이 모습은 신뢰감을 준다. 내부 분위기가 따뜻하고 서로 잘 지내는 곳이라면, 그곳은 단순한 운동 공간이 아니라 '함께 성장하는 팀'처럼 보인다.

내부 브랜딩을 지속시키려면 대표가 먼저 솔선수범해야 한다. 회원과의 일상, 직원과의 대화, 센터의 변화를 기록하면 직원도 따라 한다. 직원이 올린 스토리는 센터 계정에서 리그램하고, "우리 팀 최고!" 같은 짧은 댓글로 응원한다. 한 달에 한 번 콘텐츠 회의를 열어 서로 아이디어를 공유하면 SNS 활동이 '업무'가 아닌 '놀이'와 '표현'이 된다.

내부 브랜딩이 강해지면 직원 퇴사율이 줄고, 자발적인 홍보가 늘며, 고객과 관계가 깊어진다. 떠난 고객도 돌아올 가능성이 높아지고, 팀 문화가 외부로 알려져 신규 문의가 증가한다.

나는 내부 브랜딩을 통해 직원이 센터를 자기 브랜드처럼 여기게 만들었고, 이것이 8개 지점을 유지하는 원동력 중 하나였다. 트레이너가 센터를 자랑스럽게 여길 때 고객도 그 감정을 느낀다. 브랜드는 간판이 아니라, 일하는 사람들의 표정과 행동, 그리고 진심이 만든 문화다.

브랜드를 만드는 법

　나는 한때 브랜드를 '로고와 간판' 정도로만 생각했다. 그래서 멋진 간판을 달고, 유행하는 색상으로 인테리어를 꾸미면 성공할 줄 알았다. 하지만 현실은 달랐다. 회원들은 간판보다도 트레이너의 태도, 센터의 분위기, 내가 건네는 한마디에서 브랜드를 느꼈다. 한 번은 회원이 이런 말을 했다. "여긴 인사부터 다르네요. 뭔가 믿음이 가요." 그 순간 깨달았다. 브랜드는 보여 주는 게 아니라, 경험하게 하는 것이라는 걸. 그래서 나는 내부 인사법, 상담 방식, 수업 분위기까지 하나하나 규칙을 만들고 지켰다. 시간이 지나자 자연스럽게 "KN은 믿을 만하다."는 이미지가 자리 잡았다. 결국 브랜드를 만드는 법은 거창한 슬로건이 아니라, 고객이 매일 경험하는 작은 순간을 일관되게 쌓는 것이다. 그 일관성이 결국 가장 큰 차별화가 되었다.

　브랜드는 사람들이 머릿속에 떠올리는 '이미지'이자, 입소문과 경험을 통해 만들어지는 '신뢰'다. 그래서 강력한 브랜드는 스스로 광고하지 않아도 사람들의 대화 속에 살아 숨 쉬고, 선택의 순간에 가장 먼저 떠오른다. KN피트니스가 추구하는 브랜드 역시 이런 신뢰의 무게를 기반으로 하고 있다.

우리가 만들고자 하는 이미지는 단순한 헬스장이 아니라, 'KN피트니스 = 전문가들이 인정하는 공간'이라는 강력한 한 줄이다. 예를 들어 "부산대학교 병원에서 찾는 헬스장", "의사와 간호사가 운동하러 오는 헬스장" 같은 표현은 그 자체로 강력한 신뢰 마케팅이 된다. 왜냐하면 의료 전문가들은 직업 특성상 신체의 구조, 운동의 안전성, 재활의 중요성에 대해 누구보다 잘 알고 있기 때문이다. 그런 사람들이 선택한 곳이라면 일반 고객들도 '여기는 믿을 수 있겠다.'는 확신을 갖게 된다.

이런 브랜드 이미지를 만들기 위해서는 단순히 '좋은 장비'나 '넓은 공간'만으로는 부족하다. 의료인들이 만족할 만큼 체계적인 운동 프로그램, 정확한 자세 교정, 부상 예방 시스템, 그리고 청결과 위생 관리가 철저해야 한다. 또, 회원 관리 데이터와 건강 이력을 기반으로 한 맞춤형 운동 제안, 전문성을 갖춘 트레이너의 지속적인 교육이 필수다. KN피트니스는 실제로 이런 부분에 투자를 아끼지 않으며, 결과적으로 '전문가들이 찾는 곳'이라는 명성을 쌓아가고 있다.

브랜드는 시간이 만든다. 부산대학교 병원 관계자들이 한 번 방문했다고 해서 곧바로 '전문가들이 찾는 헬스장'이 되는 것은 아니다. 한 번의 경험이 아니라, 꾸준히 좋은 경험을 제공해야 한다. 운동 프로그램의 완성도, 회원과의 소통, 문제 발생 시 빠르고 성실한 대응, 이 모든 요소가 쌓여서 하나의 이미지를 만든다. 그 과정에서 고객들은 스스로 우리의 브랜드를 '의료인이 선택한 헬스장'으로 정의하게 된다.

KN피트니스가 궁극적으로 만들고자 하는 브랜드는, 단순히 건강을 만드는 곳이 아니라 '건강을 다루는 전문가들도 믿고 운동하는 공간'이다. 이는 다른 헬스장과의 차별점이자, 장기적으로 시장에서 흔들리지 않는 경쟁력이다. 병원, 의사, 간호사, 재활 전문가들이 꾸준히 찾는 모습을 만들어내는 것이 바로 브랜드 전략의 핵심이며, 이런 이미지는 한번 자리 잡으면 가격이나 유행에 쉽게 휘둘리지 않는다.

결국 브랜드란 우리가 어떤 곳이 되고 싶은지를 세상에 선언하고, 그 약속을 지켜가는 과정이다. KN피트니스는 오늘도 그 약속을 지키기 위해 훈련하고, 관리하고, 발전한다. 그리고 시간이 흐를수록 사람들은 이렇게 말하게 될 것이다.

"운동하려면 KN피트니스, 거기는 부산대학교 병원 사람들이 다니는 헬스장이야. 거긴 믿을 수 있어."

4부

대표의 역량과 성장

대표의 업무는 이런 것이다

대표가 되었을 때 나는 "대표는 그냥 관리만 하면 되겠지."라고 단순하게 생각했다. 하지만 현실은 전혀 달랐다. 직원이 그만두면 사람을 구해야 하고, 매출이 떨어지면 마케팅을 다시 짜야 했다. 세금 신고, 급여 정산, 시설 관리까지 모두 내 몫이었다. 한 번은 새벽에 누수가 터져 직접 양동이를 들고 물을 받아내며 "이게 대표의 일인가?" 자조했던 적도 있다. 그러나 시간이 지나며 깨달았다. 대표의 업무란 결국 문제를 해결하고, 길을 제시하며, 끝까지 책임지는 것이라는 사실을. 화려해 보이는 자리지만, 실제로는 가장 먼저 뛰고 가장 늦게 나가는 자리였다. 하지만 그 무게를 견디는 순간, 직원과 회원 모두가 안심하고 따라왔다. 대표의 업무는 편안함이 아니라, 끝까지 책임지는 용기였다.

대표는 단순히 수업만 잘하는 트레이너가 아니라 센터의 철학을 세우고 시스템을 설계하며 모든 리스크를 감당하고 미래를 설계하는 총

책임자다. 경영자로서 대표가 할 수 있는 것은 많아야 하며, 창업 초기에는 사람도 자본도 부족하기에 스스로 다양한 역할을 수행할 수 있어야 한다. 홈페이지는 센터의 온라인 간판이자 신뢰도를 보여 주는 첫 번째 문서로, 직접 제작하면 업데이트와 운영, 데이터 분석의 주도권을 가질 수 있고 외주를 맡길 경우 주기적 업데이트와 고객 중심 UI·UX 개선이 가능한 업체를 신중히 선택해야 한다. 디자인 또한 대표가 직접할 수 있어야 하며, 홍보 포스터·배너·시간표 등 반복 제작물은 미리캔버스, 망고보드, 캔바, 같은 툴을 활용하면 최소한의 시간으로 전문적인 이미지를 구현할 수 있다. 이는 단순한 비용 절감이 아니라 브랜딩 통일성과 빠른 대응력을 확보하는 과정이다.

온라인 마케팅은 대표의 강력한 무기로, 초기 고객 유입의 80% 이상은 블로그와 SNS에서 나온다. 블로그는 직접 작성하는 것이 가장 효과적이며, 글솜씨보다 중요한 것은 꾸준함과 진심이다. 네이버 알고리즘은 체류 시간이 길어질수록 상위 노출 가능성을 높인다. 마케팅은 감이 아닌 데이터로 판단해야 하며, 키워드 분석, 검색 노출 확인, 트렌드 분석 이미지 제작·저작권 이미지 검색 같은 툴을 익혀야 한다. 상담 채널은 카카오채널뿐 아니라 인스타 DM, 네이버 톡톡, 이메일, 문자 등 고객이 편한 경로를 모두 열어두고, 자동 응답 시스템을 구축해 24시간 상담이 가능하도록 해야 한다.

대표가 글을 쓰는 것은 강력한 브랜딩 수단이다. 나 역시 2012년부터 블로그를 운영하며 저품질, 검색 이탈, 광고 실패를 겪었지만, 그 과정에서 얻게 된 것은 단순한 조회수가 아니라 나를 브랜딩하고 철학을 전할 수 있는 무기였다. 고객은 센터에 오기 전 대표의 글을 읽으며 신뢰를 쌓고, 직원도 이를 보며 스스로 브랜딩할 줄 아는 트레이너로 성장한다. 로고, 콘텐츠, SNS, 고객상담, 마케팅, 인테리어, 계약서 관리까지 직접 경험하면 리스크 관리, 협업 효율, 외주 대응력이 높아진다. 무료 제작 사이트에서 만든 로고라도 대표가 직접 제작했다면 센터에는 의미 있는 상징이 된다.

대표는 트레이너가 아니라 경영자이며, 기획·브랜딩·재무·고객관리·마케팅 등 전공 외 분야까지 공부해야 한다. 결국 대표는 해야 할 일보다 할 수 있는 일을 넓혀야 한다. 할 수 있는 일이 많아질수록 리스크는 줄고 시스템은 단단해지며 센터는 오래 살아남는다. 그 과정에서 얻은 경험은 단순한 기술이 아닌 무기가 되며, 블로그 한 줄 작성, 하루 한 시간 마케팅 공부, 디자인 앱 다루기 같은 작은 실천이 10년 뒤 대표의 실력을 증명하게 될 것이다.

리더의 말투 하나가
조직 문화를 만든다

　나는 한때 말투의 힘을 대수롭지 않게 생각했다. 바쁘고 지친 날이면 직원들에게 무심히 "그냥 알아서 해."라고 툭 던졌다. 그런데 며칠 뒤 팀 분위기가 눈에 띄게 가라앉았다. 서로 대화를 피하고, 회원들 앞에서도 활기가 없었다. 그제야 깨달았다. 내 말투 하나가 조직의 공기를 바꿔 버린다는 사실을. 그래서 의도적으로 긍정적인 표현을 쓰고, 지시보다 부탁의 톤을 담았다. "이거 해라." 대신 "이 부분은 네가 맡아주면 좋겠다."라고 말하니, 직원들의 반응이 달라졌다. 웃음이 늘고, 서로 도와주는 문화가 자리 잡았다. 리더의 말투는 단순한 소통 방식이 아니라, 조직의 문화를 만드는 씨앗이었다. 지금도 나는 말 한마디를 하기 전, 그 말이 조직 분위기에 어떤 울림을 줄지 먼저 떠올린다.

　리더의 언어는 단순히 의사소통 수단이 아니다. 그것은 조직의 분위기를 만들고, 팀원들의 태도를 형성하며, 궁극적으로는 조직 문화 자체를 결정짓는 핵심 요소다. 말 한마디, 문자 한 줄이 팀원들에게 전달되는 순간, 그것은 단순한 문장이 아니라 신호가 된다. 그 신호가 긍정적인 에너지로 작용하면 구성원들은 동기부여되고 성장하려는 마음을 품게 된다. 그러나 그 신호가 부정적이고 공격적이면, 구성원들은 위축되고, 서로를 불신하며, 조직은 서서히 무너진다.

리더가 던지는 한마디는 생각보다 훨씬 멀리 퍼진다. 단순히 회의실 안에서 했던 발언이 복도에서, 식사 자리에서, 사적인 대화 속에서 재해석되고 확대된다. 그래서 리더의 말은 늘 무게를 가진다. 말투 하나, 단어 하나가 직원들에게 "이 회사가 나를 어떻게 대우하는지"를 알려주는 메시지가 된다. 리더가 무심코 던진 농담조차 누군가에겐 상처가 될 수 있고, 짧은 문자 한 줄이 한 사람의 하루를 바꿀 수 있다. 그렇기 때문에 리더는 자신의 언어에 민감해야 하며, 더 나아가 의도적으로 긍정적이고 건설적인 메시지를 전달해야 한다.

욕설이나 부정적인 언어는 특히 치명적이다. 리더가 화가 났을 때 욕설을 섞어 말하면, 그 순간은 감정 해소일지 몰라도 남는 것은 불신과 두려움뿐이다. 사람들은 욕설의 내용보다 그 감정의 날카로움을 기억한다. 또 부정적인 표현을 자주 쓰는 리더는 조직 전체에 '안 된다.'는 분위기를 심어 준다. "그건 불가능해.", "왜 그렇게밖에 못 해?" 같은 말은 직원들의 도전 의지를 꺾고, 문제 해결보다 회피를 선택하게 만든다. 부정적인 언어가 일상화된 조직은 점점 침체되고, 새로운 시도나 혁신이 사라진다.

반대로, 리더가 긍정적인 언어를 습관화하면 조직 문화는 달라진다.

"좋아요, 한번 시도해 봅시다.", "이번에는 이렇게 개선해 봅시다." 같은 말은 실패를 두려워하지 않는 문화를 만든다. 구성원들은 리더의 말을 통해 도전이 환영받는 분위기를 느끼고, 아이디어를 자유롭게 제시한다. 이런 환경에서는 창의성이 꽃피고, 성과도 자연스럽게 뒤따른다. 결국 리더의 말이 조직의 혁신 속도를 결정한다.

또한 리더의 언어는 단지 내용만이 아니라 전달 방식에서도 조직 문화를 만든다. 예를 들어, 문자나 메신저를 통한 간단한 피드백이라도 존칭과 배려가 담겨 있다면, 구성원은 존중받는다고 느낀다. 반면 무뚝뚝하고 차가운 표현은 '나를 기계처럼 대한다.'는 인식을 심어 준다. 리더가 시간에 쫓겨 보낸 짧은 메시지조차 누군가의 마음을 무겁게 만들수 있다는 사실을 잊지 말아야 한다.

솔선수범 또한 리더의 언어와 깊게 연결되어 있다. 리더가 아무리 "서로 존중합시다."라고 말해도, 정작 본인이 회의 중에 사람 말을 끊거나, 무례한 농담을 한다면 그 말은 힘을 잃는다. 반대로 리더가 평소에 꾸준히 경청하고, 상대방의 의견을 끝까지 듣고, 부드러운 어조로 피드백을 한다면 그 모습이 곧 조직의 표준이 된다. 리더의 행동과 말이 일치할 때, 조직 문화는 강력해지고 구성원들의 신뢰는 깊어진다.

리더의 언어는 위기 상황에서 더욱 중요해진다. 어려운 시기일수록 구성원들은 리더의 말 한마디에서 방향과 희망을 찾는다. 이때 리더가 "우린 이겨낼 수 있다.", "함께하면 가능하다."는 메시지를 던지면 사람들은 다시 힘을 낸다. 반대로 위기 속에서 "이건 망했다, 희망이 없다."

는 말을 하면, 남아 있던 사기도 무너진다. 리더가 어떤 언어를 선택하는지가 위기를 기회로 만들지, 재앙으로 만들지를 좌우한다.

결국, 리더의 언어는 단순한 말이 아니라 문화의 씨앗이다. 부정적인 언어를 심으면 불신과 두려움이 자라고, 긍정적인 언어를 심으면 신뢰와 도전이 자란다. 리더의 말이 구성원들의 대화 습관이 되고, 그 대화 습관이 조직의 문화가 된다. 그렇기 때문에 리더는 하루에도 수십 번, 수백 번 자신의 언어를 점검하고 다듬어야 한다.

말은 습관이고, 습관은 문화다. 리더의 언어가 변하면 조직의 문화가 변한다. 욕설과 부정적인 표현을 없애고, 긍정과 존중의 언어를 늘려야 한다. 말투를 부드럽게 하고, 메시지에 격려와 신뢰를 담아야 한다. 그리고 무엇보다 리더 자신이 솔선수범해야 한다. 그렇게 할 때, 말 한마디, 문자 한 줄이 조직을 성장시키는 힘이 되고, 모두가 자부심을 느끼는 건강한 문화가 완성된다.

오늘의 적이
내일의 동지가 될 수 있다

　나는 초창기 경쟁 헬스장 대표와 심하게 부딪힌 적이 있었다. 같은 상권에 오픈하면서 가격 경쟁이 붙었고, 서로 회원을 뺏고 빼앗기는 싸움이었다. 속으로는 "저 사람만 없었으면" 하며 분노에 휩싸이기도 했다. 그런데 시간이 지나며 상황이 달라졌다. 그는 운영의 어려움을 먼저 겪었고, 나 역시 위기를 맞으면서 서로 조언을 주고받게 되었다. 놀랍게도 치열한 경쟁자가 어느 순간 동지가 된 것이다. 함께 장비 공동 구매를 하기도 하고, 상권 문제를 공유하며 살아남기 위한 방법을 모색했다. 그때 배웠다. 오늘의 적이라도 내일은 가장 든든한 파트너가 될 수 있다는 사실을. 사업은 결국 사람과의 관계 싸움이고, 원수처럼 보였던 상대가 위기 속에서 손을 잡아줄 유일한 동료가 될 수 있다. 그래서 지금도 나는 함부로 관계를 끊지 않는다.

　인간관계는 고정된 구조물이 아니라 상황과 환경, 이해관계에 따라 끊임없이 변화하는 유기체와 같다. 어제까지만 해도 나와 치열하게 다투고 의견이 부딪히던 사람이, 하루아침에 같은 편이 되어 나와 같은 목표를 향해 나아가는 모습을 우리는 종종 목격한다.

비즈니스 세계에서는 이런 일이 더욱 빈번하다. 경쟁사로서 서로의 시장 점유율을 빼앗기 위해 싸우던 회사가, 새로운 위협이 등장하자 힘을 합쳐 공동 대응을 하기도 한다. 정치, 외교, 스포츠, 심지어 개인적인 인간관계에서도 마찬가지다. 갈등과 경쟁은 순간적인 상태일 뿐, 그것이 영원히 지속되는 경우는 드물다. 관계의 방향은 상황이 만들어낸다.

사람은 끊임없이 변한다. 환경이 변하고, 목표가 변하고, 이해관계가 변하면 마음과 행동도 바뀐다. 오늘의 적이 내일 아군이 되는 이유는 바로 여기에 있다. 특히 갈등을 겪었던 관계는 서로에 대한 이해가 깊다. 처음부터 좋은 관계로 시작한 경우보다, 부딪히고 다투며 서로의 장단점을 파악한 관계가 나중에 손을 잡았을 때 더 강력한 팀워크를 발휘하는 경우가 많다. 왜냐하면 이미 서로가 어떤 방식으로 생각하고 움직이는지, 어디서 강하고 어디서 약한지 알고 있기 때문이다.

그렇기 때문에 리더나 경영자는 당장의 갈등과 대립만 보고 관계를 완전히 끊어 버리는 실수를 해서는 안 된다. 세상은 좁고, 우리는 다양한 방식으로 다시 얽히게 된다. 오늘은 경쟁사 대표였던 사람이 내일은 협력 프로젝트의 핵심 파트너가 될 수도 있다. 오늘은 의견 대립이 심했던 팀원이 내일은 위기 상황에서 나를 가장 강하게 지켜 주는 동료가 될 수도 있다.

이 원칙을 실천하기 위해 필요한 첫 번째 태도는 감정의 절제다. 갈등이 생기더라도 감정적으로 상대를 공격하거나 모욕하지 않는 것이다. 감정이 폭발하는 순간에는 속이 시원할지 몰라도, 관계를 회복할 가능성을 스스로 없애 버리는 행동이 될 수 있다. 두 번째는 관계의 문을 열어 두는 태도다. 당장은 맞서 싸우더라도, 미래에 다시 대화할 수 있는 여지를 남겨두는 것이다. 말 한마디, 행동 하나가 그 문을 닫아 버릴 수도 있고, 반대로 활짝 열어 둘 수도 있다.

오늘의 적이 내일의 아군이 되는 계기는 다양하다. 첫째, 공통의 적이 생길 때다. 서로 싸우던 두 집단도 더 큰 위협 앞에서는 연합한다. 둘째, 환경이 변할 때다. 시장 구조의 변화, 정책의 변화, 조직 개편 등은 관계의 방향을 바꾼다. 셋째, 시간이 흐를 때다. 시간이 지나면 과거의 감정은 옅어지고, 남는 것은 서로에 대한 이해와 존중이다.

나 역시 사업을 하면서 이런 경험을 여러 번 했다. 예전에 협상 과정에서 의견이 극도로 엇갈려 관계가 틀어졌던 사람이 있었다. 하지만 몇 년 후, 업계의 큰 변화를 맞아 같은 목표를 공유하게 되었고, 그때 우리는 다시 만나 손을 잡았다. 과거의 갈등은 오히려 서로를 더 잘 이해하게 만든 시간이 되었고, 그 덕분에 협력은 매우 순조로웠다.

결국, 중요한 것은 관계를 끊지 않는 것이다. 다리를 불태우는 것은 쉽다. 하지만 다시 연결하는 것은 어렵다. 오늘의 적을 무조건 배척하기보다, 언젠가 아군이 될 수 있다는 가능성을 마음속에 두는 것, 그것이 리더와 경영자의 지혜다. 그렇게 하면 갈등이 줄어드는 것뿐 아니라, 위기 상황에서 예상치 못한 든든한 지원군을 얻을 수 있다.

그래서 나는 이렇게 말하고 싶다. 오늘의 적을 대할 때, 그를 잠재적인 미래의 파트너라고 생각하라. 오늘은 대립하더라도, 내일은 같은 방향을 볼 수 있다. 세상은 변하고, 사람은 변하며, 관계는 변한다. 이 단순한 사실을 잊지 않는다면, 우리는 더 많은 기회를 만들 수 있고, 더 강한 동맹을 형성할 수 있다. 그리고 그것이 결국 우리를 더 멀리, 더 높이 이끌어줄 것이다.

언제든 뒤통수를
맞을 준비를 하라

사업을 하면서 내가 가장 크게 배운 교훈 중 하나는 언제든 뒤통수를 맞을 준비를 하라는 것이었다. 가장 믿었던 사람이 하루아침에 계약을 깨고 떠난 적이 있었다. 함께 성장하자고 했던 파트너가 내 회원 명단을 들고 나가 새 센터를 차린 일도 있었다. 처음엔 분노와 배신감에 잠을 이루지 못했다. 그러나 시간이 지나면서 깨달았다. 사업은 감정이 아니라 이해관계로 움직이고, 사람은 언제든 변할 수 있다는 것을. 그 후로는 어떤 관계든 '만약의 상황'을 가정하고 시스템으로 대비했다. 계약서를 철저히 하고, 권한을 분산시키며, 한 사람에게 의존하지 않도록 구조를 바꿨다. 아이러니하게도 그렇게 준비하니 오히려 마음이 편해졌다. 뒤통수를 맞을 수 있다는 걸 인정한 순간, 두려움보다 냉정함이 커졌다. 그게 대표로서 살아남는 최소한의 방패였다.

"항상 뒤통수 맞을 준비를 해라." 이 말은 부정적이거나 비관적인 태도를 가지라는 뜻이 아니다. 오히려 현실을 직시하고, 사람의 마음이 언제든 변할 수 있다는 전제하에 관계를 대하라는 경고다. 우리는 흔히 "열 길 물속은 알아도 한 길 사람 속은 모른다."는 속담을 들어왔다. 물속의 깊이는 측정할 수 있지만, 사람의 마음은 도저히 알 수 없다는 뜻이다. 그만큼 사람의 내면과 선택은 예측 불가능하며, 그 변화는 때로는 하루아침에 일어난다.

특히 경영자는 이 사실을 뼈저리게 느낀다. 한때 가장 믿었던 직원이 갑자기 회사를 떠나기도 하고, 가까웠던 파트너가 이해관계가 엇갈리면 등을 돌리기도 한다. 고객 역시 마찬가지다. 오래 거래하던 고객이 더 좋은 조건을 제시하는 다른 업체로 옮겨가는 경우는 흔하다. 이런 상황을 마주하면 실망과 배신감이 밀려오지만, 그것을 놀라움으로 받아들여서는 안 된다. 왜냐하면 사람의 마음은 늘 변할 수 있고, 그 변화를 막을 수 있는 완벽한 방법은 없기 때문이다.

그렇다고 해서 모든 사람을 의심하며 대해야 한다는 뜻은 아니다. 핵심은 '준비'다. 언제든 관계가 변할 수 있다는 사실을 전제로, 그 변화가 왔을 때 당황하지 않고 대응할 수 있는 마음가짐과 시스템을 갖춰야 한다. 예를 들어, 특정 직원 한 사람에게만 업무가 집중되지 않게 하고, 중요한 고객이 떠나더라도 매출이 무너지지 않도록 다변화를 해 둬야 한다. 그래야 뒤통수를 맞더라도 치명상을 피할 수 있다.

또한 이 준비는 감정적인 부분에서도 필요하다. 사람에게 너무 큰 기대를 걸면, 그 기대가 깨졌을 때 감정의 타격이 크다. 반대로, 사람은 언제든 변할 수 있다는 사실을 인정하면, 배신이나 이탈이 일어나도 감정의 파도가 훨씬 잔잔하다. 이는 냉정함이 아니라, 성숙한 거리두기다. 누군가 나와 함께하는 동안에는 최선을 다해 대하되, 떠나더라도 그것을 자연스러운 흐름으로 받아들일 수 있는 마음가짐이다.

"항상 뒤통수 맞을 준비를 해라."는 말 속에는 또 다른 의미가 있다. 그것은 바로 '신뢰는 주되, 맹신은 하지 말라.'는 것이다. 신뢰는 관계를 유지하고 발전시키는 데 필수적이다. 하지만 신뢰가 맹신으로 변하면, 현실을 제대로 보지 못하게 된다. 작은 이상 신호나 경고를 무시하게 되고, 결국 더 큰 배신을 맞게 된다. 건강한 신뢰는 서로의 독립성을 인정하면서도, 필요할 때는 각자의 길을 갈 수 있다는 사실을 전제로 한다.

그리고 이 태도는 비즈니스뿐만 아니라 개인적인 인간관계에서도 유효하다. 오랜 친구, 가까운 가족, 심지어 부부 사이도 사람의 마음은 변할 수 있다. 환경이 바뀌고, 상황이 달라지면 관계의 형태와 온도도 변한다. 이를 받아들이지 못하면, 변화를 '배신'으로만 느끼게 되고, 그 상처에서 오래 벗어나지 못한다. 그러나 변화를 '가능한 일'로 인정하면, 관계가 바뀌더라도 삶의 균형을 지킬 수 있다.

경영을 하다 보면, 뒤통수를 맞는 순간이 오히려 기회가 될 때도 있다. 믿었던 사람이 떠나면, 그 자리를 메우기 위해 새로운 인재를 발굴하게 되고, 그 과정에서 더 나은 시스템을 만들 수 있다. 오랜 거래처가 이탈하면, 그 빈자리를 채우기 위해 시장을 더 넓게 보게 된다. 뒤통수를 맞을 준비가 되어 있다는 것은, 단순히 방어적인 태도를 가지는 것이 아니라, 변화와 위기를 성장의 계기로 삼을 수 있는 능력을 의미한다.

결국, 이 말은 경영자나 리더, 그리고 모든 인간관계를 맺는 사람들이 마음속에 새겨야 할 생존 원칙이다. 우리는 결코 사람의 마음을 완벽히 알 수 없다. 아무리 오랜 시간을 함께했고, 아무리 굳건한 약속을 나눴어도, 상황과 마음은 변할 수 있다. 중요한 것은 그 변화를 받아들이고, 그로 인해 무너지지 않는 힘을 갖추는 것이다. 그래서 나는 오늘도 사람을 대할 때 이렇게 다짐한다. "함께할 때는 최선을 다하되, 언제든 떠날 수 있다는 마음으로 대하자." 그것이 뒤통수를 맞더라도 다시 일어설 수 있는 유일한 방법이기 때문이다.

아낌없이 주어라

　나는 한때 '대표는 주기보다 먼저 받아야 한다.'고 생각했다. 내 시간이 아깝고, 내 노하우를 다 알려 주면 언젠가 직원이 떠날 거라 두려웠다. 그래서 일부만 나눠주며 거리를 뒀다. 그런데 놀라운 건, 그렇게 할수록 직원들의 신뢰가 줄어들고 분위기가 삭막해졌다는 것이다. 반대로 마음을 바꿔 모든 걸 아낌없이 주기 시작했을 때 반전이 일어났다. 내가 경험한 노하우, 실수까지도 숨김없이 알려 주자 직원들은 더 적극적으로 배우고 나를 믿어 주었다. 떠날까 두렵던 사람들이 오히려 더 오래 남았고, 스스로 성장해 팀을 이끌어 줬다. 그제야 깨달았다. 대표가 가진 걸 아낌없이 줄 때, 잃는 게 아니라 오히려 더 크게 돌아온다는 걸. 사업은 주고 나서야 채워지는 구조였다. 아낌없이 주는 게 결국 나를 살리는 길이었다.

　조직을 이끌다 보면 사람에 대한 기준과 철학이 분명해야 한다. 나는 한 가지 원칙을 가지고 있다. "아주 잘해 줘라, 나가면 후회하게 만들어라." 이 말은 단순히 감정적으로 하는 말이 아니라, 내가 사람을 대하는 방식이자 경영 철학이다. 누가 떠나든, 누가 남든, 그 과정에서 내가 할 수 있는 최선을 다했다면 후회가 없고, 그 사람 또한 나를 잊지 못하게 된다.

많은 리더들이 직원이나 구성원들에게 모든 것을 주는 것을 주저한다. 이유는 단순하다. '이 사람이 나가서 내가 알려준 것을 써먹으면 어떡하지?', '내 노하우와 시스템이 외부로 퍼지면 안 되지 않을까?'라는 두려움 때문이다. 하지만 세상은 그렇게 단순하게 움직이지 않는다. 내가 아무리 모든 것을 주어도, 그것을 받아들이고 자신의 것으로 만드는 사람은 정해져 있다. 반대로, 아무리 기회를 줘도 받아들이지 못하는 사람도 있다.

그래서 나는 결심했다. 줄 사람에겐 다 주자. 내가 가진 지식, 경험, 기술, 운영 방식, 고객 관리 노하우, 심지어 내 사고방식까지 전부 나눠주자. 왜냐하면, 받아들일 사람은 받아들이고, 그렇지 않은 사람은 아무리 좋은 걸 줘도 변하지 않기 때문이다. 받아들여서 더 크게 성장할 사람이라면, 그가 나가서 성공하더라도 나와의 관계는 끝나지 않는다. 오히려 더 큰 무대에서 다시 만나 협력하거나, 서로의 자산을 공유하고 배워나갈 기회를 만들 수 있다.

반대로, 아무리 퍼줘도 변하지 않는 사람은 변하지 않는다. 내가 가진 걸 아무리 풀어도, 그것을 자기 것으로 만들지 못하고, 실행하지 못하고, 결국 예전의 상태로 돌아가는 경우가 많다. 이런 사람이라면 내가 애써 숨긴다고 해서 달라질 것도 없다. 그렇다면 차라리 아낌없이 퍼주는 편이 낫다. 그렇게 하면 적어도 내가 최선을 다했다는 사실만은 분명해진다.

이 철학을 실천하면 조직 문화도 달라진다. 남아 있는 사람들은 내가 전해 주는 지식과 기회를 더 소중하게 생각한다. 그들은 '여기 있을 때 최대한 배우고, 성장해야 한다.'는 마음가짐을 갖게 된다. 그리고 이 마음가짐이 팀 전체의 학습 속도와 실행력을 높인다. 떠난 사람 역시 내가 줬던 것을 기억하고, 다른 곳에서 부딪힐 때 '그때 배운 게 정말 도움이 됐다.'고 느끼게 된다. 그 후회는 곧 내가 제공했던 환경과 배움의 가치를 증명하는 것이다.

물론 이런 방식이 항상 편한 것은 아니다. 때로는 내가 알려준 것, 준비해준 것, 가르쳐 준 방법이 외부에서 그대로 사용되는 것을 보게 될 때도 있다. 하지만 그것이 두려워서 주지 않는다면, 남아 있는 사람까지 함께 성장시킬 기회를 놓치는 셈이다. 장기적으로 볼 때, 리더의 평판과 영향력은 '얼마나 많이 주었는가?'에서 나온다. 진심으로 잘해 준 사람은 업계 안팎에서 인정받고, 그 명성은 새로운 인재와 기회를 끌어들이는 힘이 된다.

그리고 중요한 것은, 이렇게 아낌없이 퍼 주면 '나가서 후회한다.'는 말이 단순한 비아냥이 아니라 현실이 된다는 점이다. 후회란, 내가 그때 그 환경 속에서 더 배우고, 더 성장할 수 있었는데, 그 기회를 놓쳤다는 깨달음에서 온다. 이 깨달음을 주는 것은 결국 리더의 몫이다. 내가 줄 수 있는 것을 다 주었는데도 그 사람이 그것을 충분히 활용하지 못하고 떠났다면, 그건 나의 실패가 아니라 그 사람의 선택이다.

이 철학은 사람을 붙잡기 위한 수단이 아니다. 오히려 '떠나든 남든, 모두에게 도움이 되는 경험을 주자.'는 태도다. 그렇게 하면, 떠난 사람은 언젠가 다시 돌아오거나, 다른 방식으로 연결될 수 있다. 남은 사람은 더 깊은 신뢰와 충성심을 갖게 된다. 그리고 나 자신은 후회 없이 사람을 대했다고 말할 수 있다.

결국, "아주 잘해 줘라, 나가면 후회하게 만들어라."는 말은 리더로서의 자부심을 지키는 방식이다. 나의 지식과 경험은 나눌수록 줄어드는 것이 아니라, 오히려 더 확장된다. 받아들이는 사람은 그것을 바탕으로 더 성장하고, 그렇지 못한 사람은 그 자리에서 멈춘다. 나는 그 선택을 강요할 수 없다. 하지만 내가 최선을 다해 줬다는 사실은, 시간이 지나도 변하지 않는다.

그래서 나는 오늘도 기버 된 마음으로 사람들을 대한다. 그들이 성장할 수 있는 도구, 환경, 자극, 기회를 전부 제공한다. 떠날 때 후회하게 만들고, 남을 때 더 크게 성장하게 만든다. 그것이 내가 리더로서 살아가는 방식이자, 앞으로도 지켜갈 원칙이다.

대표가 늘 레벨업을 해야 하는 이유

　대표는 늘 레벨업해야 한다. 나는 한때 "이 정도면 충분하다."는 안도감에 빠졌던 적이 있다. 매출도 안정적이고 지점도 늘어나니 스스로 만족했다. 그런데 문제는 그 순간부터였다. 나는 제자리라 생각했는데 시장은 빠르게 변했고, 경쟁업체들은 새로운 마케팅과 시스템으로 치고 올라왔다. 직원들도 내 정체된 모습을 느끼며 동기부여가 떨어졌다. 그때 큰 충격을 받았다. 대표가 멈추면 조직 전체가 멈춘다는 사실을. 그래서 다시 공부를 시작했고, 경영 서적을 읽고 강의를 들으며 내 사고의 폭을 넓혔다. 새로운 시스템을 도입하고, 디지털 마케팅을 연구하며 변화를 시도했다. 그러자 팀 분위기가 달라지고 매출 곡선도 다시 상승했다. 대표의 레벨업은 곧 조직의 성장 속도다. 대표가 앞에서 성장하는 모습을 보여 줄 때, 직원들도 따라 성장한다. 그래서 나는 늘 레벨업을 멈추지 않는다.

대표는 플레이어이자 지휘관이다. 내가 좋아했던 게임 스타크래프트에서 주 종족은 '저그'였고, 내가 추구하는 스타일은 계속해서 진화하는 운영이었다. 기지에서 가디언을 뽑고 울트라리스크를 만드는 과정은 작은 것에서 시작해 점점 더 강력한 유닛을 뽑아내는 성장의 과정이었다. 사업도 똑같다. 처음엔 기본 유닛처럼 대표 혼자, 혹은 둘이 시작했을 것이다. 그러다 수익이 조금씩 생기고, 고객이 늘어나고, 직원이 생긴다. 이제 대표인 당신은 더 큰 유닛, 더 많은 전략, 더 넓은 시야를 갖춰야 한다. 계속해서 업그레이드하지 않는다면 전장에서 살아남을 수 없다. 머무는 자는 도태된다. 많은 대표들이 '나는 여기까지 왔으니 괜찮아.'라고 말한다. 하지만 진짜 위험은 그 자리에 멈춰 버린 순간부터 시작된다. 정체는 곧 도태다. 직원은 성장하려고 하는데, 대표는 과거의 영광에 머물러 있다면 그 조직은 곧 내부에서부터 균열이 시작된다. "더 이상 배울 것이 없다." 이 한마디는 직원들이 조직을 떠나는 가장 강력한 이유다.

경쟁은 자본주의의 본질이다. 작은 센터가 큰 매출을 낼수록 주변의 자본은 그 시장을 눈여겨본다. 그리고 같은 상권, 더 좋은 위치, 더 많은 자본, 더 넓은 평수로 들어온다. 당신이 의도하지 않아도 그들이 '성공'한 당신을 베끼고 따라오기 시작한다. 이건 불공평한 일이 아니다. 자본주의는 늘 잘 되는 곳을 따라가고 베끼는 구조다. 그러니 원망하지 말고, 내 실력과 시스템, 브랜드를 계속 강화하고 있어야 한다.

대표는 계속 진화해야 한다. 나는 30평 작은 매장에서 시작했다. 하지만 지점을 하나둘 늘릴수록 규모와 시스템, 인력 관리, 콘텐츠, 마케팅까지 업그레이드했다. 규모만 키운 게 아니라 대표인 나부터 성장한 것이다. 센터가 커진 것이 아니라 내가 커진 것이다. 이 과정에서 나는 끊임없이 질문했다. 지금 우리 센터의 약점은 무엇인가? 직원들이 1년 후에도 만족하며 일할 수 있는가? 고객이 우리가 제공하는 가치에 감동하고 있는가? 나는 앞으로 어떤 리스크에 대비하고 있는가? 이런 질문을 멈추지 않아야 사업은 살아 있는 생명체처럼 진화할 수 있다.

나는 한때 매출이 나오면 곧바로 새로운 투자나 확장에 써버렸다. 통장에 돈이 남아 있는 게 아깝게 느껴졌던 것이다. 하지만 어느 순간 예상치 못한 위기가 닥쳤다. 기구 교체와 인테리어 수리 비용이 동시에 발생했는데, 손에 쥔 현금이 없어 허둥댔다. 결국 급하게 빌려 쓰며 신뢰도와 마음의 여유를 잃었다. 그 경험이 나를 바꿔놓았다. 레벨업을 하려면 반드시 유보금이 필요하다는 걸 뼈저리게 느낀 것이다. 유보금은 단순히 돈을 쌓아 두는 게 아니라, 위기 때 조직을 지켜내는 방패이자 새로운 도전을 가능케 하는 연료였다. 실제로 유보금을 확보한 이후에는 상황이 달라졌다. 불시에 생기는 지출에도 흔들리지 않았고, 새로운 기회를 잡을 때도 과감하게 움직일 수 있었다. 대표의 레벨업은 결국 자본의 여유에서 출발한다. 유보금은 선택이 아니라 생존을 위한 필수다.

성장을 위해선 돈이 아니라 유보금이 필요하다. 대표는 미래를 위해 지금을 희생할 줄 알아야 한다. 직원보다 2~3백만 원 더 버는 것에 만족하고 있다면 당신은 여전히 '대표라는 옷을 입은 고급 직원'일 뿐이다.

손익을 보는 눈을 길러라. 초보 대표들이 흔히 빠지는 함정이 있다. "생각보다 돈이 잘 벌려서 괜찮다." 하지만 그 계산은 아주 위험하다.

감가상각, 부가세 및 종합소득세, 폐업 시 회수할 수 없는 자산, 예상치 못한 수리비·보수비·이직 보상, 홍보비용, 인건비 상승. 이런 숨은 비용을 포함하면 당신의 수익은 생각보다 작을 수도 있다. 그렇기 때문에 대표는 회계, 세무, 재무적인 감각도 필수적으로 익혀야 한다. '언젠가 배워야지.'라는 생각이 아니라 "지금 안 배우면 손해 본다."는 인식이 필요하다.

대표의 성장 = 직원의 동기부여다. 대표가 정체되어 있으면 직원들도 정체된다. 대표가 공부하고, 책을 읽고, 외부 네트워크를 형성하며, 늘 무언가를 시도하고 움직이는 모습을 보여줘야 한다. 그런 대표를 보며 직원들도 생각한다. "나도 저렇게 성장해야겠다." 이게 진짜 리더십이다. 대표가 움직이면 팀도 움직인다. 대표가 멈추면 팀도 정체된다.

대표는 게임의 지휘관이다. 그리고 이 게임은 단판이 아니다. 1년, 3년, 5년, 10년이라는 긴 전쟁이다. 오늘은 울트라가 되지 못해도 계속해서 진화하고, 조합하고, 전략을 세우고, 리스크를 감당하면 결국 당신만의 '메타'를 만들 수 있다. 당신이 사업을 계속 이어가고 싶다면 계속해서 레벨업해야 한다. 성장은 선택이 아니라 '생존의 조건'이다.

대표는 건물주를
아군으로 만들어야 한다

　사업을 하면서 고객, 직원, 동업자만큼이나 중요한 존재가 건물주다. 많은 초보 창업자들은 "임대료를 주면 끝 아니냐."고 생각하고, 계약서만 잘 써놓고 법적인 문제만 없으면 관계는 크게 중요하지 않다고 여긴다. 하지만 현실은 전혀 다르다. 건물주는 사업의 생사여탈권을 쥔 존재다. 특히 피트니스 센터처럼 넓은 평수에 소음과 진동이 많은 업종일수록 건물주와의 관계는 중요하다. 대표가 아무리 열심히 해도, 사업이 잘돼도, 건물주가 마음을 닫으면 공간을 잃는 순간 모든 게 무너질 수 있다. 그래서 나는 늘 강조한다. "대표라면 반드시 건물주를 아군으로 만들어야 한다."

　나는 명절이 되면 건물주께 작은 선물이라도 들고 직접 찾아간다. 떡 한 상자, 홍삼 한 박스, 이런 작고 사소한 선물보다 중요한 건 직접 찾아가 인사드린다는 행동 자체다. 한 번은 추석을 앞두고 처음으로 명절 인사를 갔는데, 건물주께서 의외로 매우 반가워하시며 "내가 이 건물만 해도 임차인이 100명이 넘는데, 명절에 직접 인사하러 오는 사람은 당신이 처음이에요."라고 하셨다. 그 순간 놀라지 않을 수 없었다. '왜 아무도 이걸 하지 않을까? 이렇게 쉬운 행동 하나로 인상을 남길 수 있다니.' 그날 이후로 나는 확신했다. "건물주는 관리 대상이 아니라 관계 대상이다."

우리가 고객의 감정을 케어하듯, 직원의 피드백에 귀 기울이듯, 건물주와도 관계를 쌓는 노력이 필요하다. 나는 건물주에게 센터 상황을 종종 공유했다. "요즘 신규 회원이 많아졌습니다.", "기구를 교체하고 센터 분위기를 리뉴얼했습니다." 이런 말들이 건물주에게는 '운영을 잘하는 신뢰 있는 사람'이라는 인상을 심어 준다. 작은 커뮤니케이션이 결국 큰 도움이 된다. 실제로 건물주는 어느 날 위층에 공실이 생기자 내게 먼저 연락해 "혹시 확장 계획 있나요? 우선권을 드릴게요."라고 제안했다. 만약 내가 무심하게 지냈다면 이런 기회는 없었을 것이다.

센터 운영 중에도 도움을 많이 받았다. 누수 문제가 생겼을 때 빠르게 연락이 닿아 일반적인 대응보다 훨씬 빨리 해결할 수 있었고, 건물 외부 수리나 안내판 설치처럼 승인이 필요한 일도 대부분 "좋습니다, 하세요."라는 반응이었다. 신뢰가 바탕이 되었기 때문이다. 반대로, 건물주와 관계가 틀어지면 문제 발생 시 대응 속도부터 달라진다. 작은 요청도 묵살되거나 방치되고, 계약 갱신에 문제가 생겨 매출과 직결되는 위치에서 쫓겨날 수도 있다. 계약서에 명시되어 있더라도 현실적인 운영에서 태도는 힘이다.

특히 피트니스 업종은 층간 소음, 샤워실 누수, 진동, 음악 소리 등 건물 구조적 리스크와 항상 맞닿아 있다. 이럴 때 건물주가 나를 '배려할 가치가 있는 사람'으로 여기느냐, '그저 돈만 내는 사람'으로 여기느냐는 상황을 완전히 바꾼다. 물론 모든 건물주가 좋은 사람인 것은 아니다. 그러나 관계의 주도권은 먼저 태도를 결정하는 사람이 쥔다. 내가 진심으로 다가가면 언젠가 그 진심은 전해진다.

방법은 어렵지 않다. 명절이나 연말에 가벼운 선물과 함께 직접 인사를 드리고, 센터의 변화나 긍정적인 소식을 가끔 공유하며, 수리나 조정이 필요한 상황에서는 미리 보고하고 예의를 갖춘다. 계약 갱신 전에 먼저 연락해 긍정적 협의를 유도하고, 감사한 일이 있으면 짧게라도 고마움을 표현한다. 이 모든 건 어렵지 않지만 귀찮아서 안 하는 경우가 많다. 그러나 이 '귀찮음을 넘어선 정성'이 사업을 지켜 주는 보호막이 된다.

지금은 계약서를 근거로 버틸 수 있을지 몰라도 언젠가는 그 벽도 무너진다. 그때 중요한 건 종이 한 장이 아니라 사람 간의 신뢰다. 나는 업계 10년 동안 건물주는 대표가 절대 놓쳐서는 안 되는 키맨이라는 사실을 배웠다. 그래서 새 지점을 계획할 때 반드시 건물주의 성향을 확인하고, 가능하면 사전 미팅을 요청한다. 계약은 시작일 뿐이며, 신뢰는 관계를 지속시키고 위기에서 나를 지켜 주는 무기다.

지점 확장을 하면
돈이 안 벌리는 이유

첫 매장이 안정되고 잘 돌아가기 시작하면, 누구나 '이제는 지점을 하나 더 내야 하지 않을까?'라는 고민을 한다. 성공한 첫 매장을 기반으로 매출을 두세 배로 늘릴 수 있을 거란 희망적인 그림을 그린다. 나 역시 그랬다. 첫 센터가 잘되자 자연스럽게 확장에 대한 환상을 품었다. 그러나 현실은 녹록지 않았다. 확장은 '자신감'이 아니라 '준비'로 하는 것이다.

첫 센터의 성공은 분명 당신의 노력과 열정이 만든 값진 결과다. 하지만 지점 확장은 완전히 다른 전략과 시스템이 요구되는 게임이다. 첫 매장은 직접 운영하고, 수업도 하고, 고객 응대도 가능했을 것이다. 그러나 지점이 생기는 순간 모든 지점을 동시에 통제할 수 없게 된다. 직원이 1명에서 10명으로 늘어나고, 문제 발생 확률은 1배에서 10배로 뛴다. 매출이 두 배가 될 것 같지만, 실제로는 고정비·인건비·관리비가

기하급수적으로 증가하며, 각 센터마다 다른 분위기와 문제가 생긴다.

PT 센터는 '사람이 중심'인 사업이다. 대표의 손이 닿지 않는 순간 서비스 퀄리티는 유지하기 어렵고, 클레임은 빠르게 번진다. 상담이 미뤄지고, 직원 간 갈등이 커지고, 브랜드는 약화된다. 결국 한 지점의 문제가 전체 사업을 흔들 수 있다.

확장을 위한 필수 조건은 다음과 같다.

팀장·점장급 인재 육성, 상담·운영·클레임 대응 매뉴얼 구축, 고객 관리 시스템 정비 ,내부 소통 채널 및 리더십 구조 확립, 회계·세무·인사관리 자동화, 직영과 파트너 지점 운영 방침 명확화 이것이 없으면, 지점이 아니라 리스크를 복사하는 셈이다. 특히 2호점부터는 반드시 '믿고 맡길 사람'이 필요하다. 점장은 대표를 대리하는 권한과 책임을 지는 자리다. 훈련되고, 가치관을 공유하며, 리더십을 발휘할 수 있는 사람만이 맡아야 한다. 지점을 만드는 이유가 단순히 수익 확대인지, 아니면 직원에게 더 큰 기회를 제공하기 위함인지 스스로 물어야 한다. 구성원의 성장과 기업 비전 없이 하는 확장은 오래가지 못한다. 그럼에도 준비된 확장은 필요하다. 뛰어난 직원에게 기회를 주고, 조직의 성장 방향을 만들며, 회사로서의 체계를 갖추게 된다. 확장은 당신의 철학과 방향성을 점검하는 기회다. 본점 없이도 센터가 돌아갈 수 있는지, 시스템이 사람보다 우선하는 구조인지 점검하라. 그렇지 않다면 지금은 확장보다 시스템 구축이 먼저다.

나는 8개의 지점을 운영 중이다. 쉽지 않았다. 수많은 시행착오 속에서도 확장을 이어가는 이유는 사람들의 성장을 돕는 구조를 만들기 위해서다. 지점은 늘릴 수 있지만, 철학은 복사되지 않는다. 단기 이익보다 지속 가능성과 시스템에 집중하라.

➡ 참고: 유튜브에서 '2호점 3호점이 10배 어려운 이유' 검색

돈 버는 지점 확장 구조

많은 대표들이 지점을 확장할 때 겪는 가장 큰 함정은 '규모가 커지면 무조건 수익이 늘어난다.'는 착각이다. 실제로는 2호점, 3호점을 오픈하면서 마이너스가 나는 경우가 적지 않다. 이유는 간단하다. 첫째, 기존 지점에서 발생한 이익이 신규 지점의 초기 투자비용과 운영비를 감당하느라 소모되기 때문이다. 둘째, 대표의 관리·통제 범위가 넓어지면서 인건비, 관리비, 마케팅비가 기하급수적으로 증가한다. 셋째, 운영 핵심 인력이 빠져나가거나 분산되면서 기존 지점의 매출까지 떨어진다. 즉, '확장'이 아니라 '리스크 확대'가 되어 버리는 것이다. 그렇다면 어떻게 해야 확장이 오히려 마이너스가 아니라 '돈 버는 구조'로 작동할 수 있을까.

첫 번째 원칙은 수익 구조의 표준화다. 본점이든 지점이든 매출·비용·이익률 구조가 동일하게 적용될 수 있도록 시스템을 만들어야 한다. 이를 위해선 단순히 '잘 되는 점포를 복제한다.'는 개념이 아니라, 매출 목표, 회원 유지율, PT 판매율, 부가 매출 구조까지 세부적으로 매뉴얼화해야 한다. 예를 들어, 본점에서 PT 판매율이 30%라면 지점에서도 동일한 수치를 달성할 수 있도록 영업 멘트, 상담 프로세스, 가격 정책을 그대로 이식한다. 이렇게 해야 각 지점의 수익 편차를 최소화하고, 확장에 따른 불확실성을 줄일 수 있다.

두 번째 원칙은 핵심 인력의 육성과 배치다. 많은 대표들이 지점 확장 시 기존 지점의 베테랑 직원을 새로운 지점에 투입한다. 하지만 이 방식은 본점 매출 하락이라는 부메랑이 되어 돌아온다. 이를 피하려면 확장 전에 '승격 후보군'을 미리 키워야 한다. 팀장급 인력을 교육하고, 영업·운영·회원 관리까지 맡길 수 있는 역량을 갖추게 만든 뒤, 지점장으로 승진시키는 구조가 이상적이다. 이렇게 하면 본점은 안정성을 유지하면서 지점도 빠르게 자리 잡을 수 있다.

세 번째 원칙은 고정비 대비 매출 극대화 전략이다. 특히 월세 비중을 낮추는 것이 핵심이다. 많은 사람들이 좋은 입지, 넓은 공간만을 보고 비싼 임대료를 감수하는데, 이는 초기에는 홍보 효과가 있을지 몰라도 장기적으로는 수익성을 갉아먹는다. 오히려 월세를 낮추고, 내부 시설과 서비스 퀄리티를 극대화하는 편이 ROI(투자수익률)가 훨씬 높다. 부가적으로, 부가 매출 상품(예: 건강보조제, PT 패키지, 멤버십 업그레이드)을 적극적으로 판매해 고정비를 상쇄하는 구조를 만드는 것이 좋다.

네 번째 원칙은 데이터 기반 의사결정이다. 감이나 분위기에 의존해 지점을 늘리는 것은 도박과 다름없다. 매출·순이익·회원 재등록률·평균 객단가·광고비 대비 매출 효율 등 핵심 지표를 꾸준히 분석해야 한다. 이를 기반으로 '확장 가능한 타이밍'과 '수익성이 높은 입지'를 판단해야 한다. 예를 들어, 기존 지점의 순이익률이 25% 이상, 회원 재등록률이 70% 이상, 운영팀이 자율적으로 돌아가는 상태일 때 확장을 검토하는 것이 이상적이다.

다섯 번째 원칙은 자금 구조의 안전성 확보다. 확장을 위해 무리한 대출을 받으면 초기 6~12개월 동안 현금 흐름이 막히고, 이는 전체 사업의 안정성을 위협한다. 안전한 확장 구조는 '기존 지점의 이익 + 외부 투자금' 조합이다. 즉, 기존 지점의 순이익 일부를 재투자하고, 나머지는 투자자 유치 또는 저금리 대출을 통해 마련하는 방식이다. 이때 투자자는 단순 자본 제공자가 아니라, 네트워크·마케팅·운영 등에서 시너지를 줄 수 있는 파트너를 선택해야 한다.

여섯 번째 원칙은 대표의 역할 변화다. 1호점 시절에는 대표가 직접 영업, 회원 상담, 트레이너 관리까지 다 맡을 수 있다. 하지만 지점이 늘어나면 '일선 플레이어'에서 '시스템 설계자'로 변해야 한다. 대표의 시간이 현장 문제 해결에만 쓰이면, 확장과 동시에 전체 매출이 하락하는 악순환이 벌어진다. 따라서 확장 전부터 운영·교육·마케팅·재무 등 각 부문을 담당할 수 있는 관리 체계를 세워야 한다.

마지막으로, 브랜드 가치의 일관성이 중요하다. 확장이 성공하는 이유 중 하나는 고객이 '어디를 가도 같은 서비스와 분위기'를 경험하기 때문이다. 이를 위해 내부 콘셉트, 서비스 매뉴얼, 회원 응대 방식, 마케팅 메시지를 동일하게 유지해야 한다. 지점별로 품질 편차가 생기면,

한 곳의 부정적인 경험이 전체 브랜드 평판을 무너뜨린다.

정리하자면, 돈 버는 확장 구조란 단순히 지점 수를 늘리는 것이 아니라, 표준화된 수익 모델 + 검증된 인력 풀 + 낮은 고정비 + 데이터 기반 타이밍 + 안전한 자금 구조 + 대표의 역할 전환 + 브랜드 일관성이 결합된 구조다. 이런 조건이 갖춰져야만 확장이 '마이너스'가 아니라 '플러스'로 작동한다. 그리고 이 구조가 완성되면, 2호점이든 10호점이든 안정적으로 성장시킬 수 있다. 결국, 진짜 확장이란 공간의 숫자가 아니라, 이익을 지속적으로 쌓아가는 능력이다.

5부

운영 시스템과 인사

신입 트레이너 채용 자동화 교육 방법

처음 센터를 열었을 때, 나는 학교 후배들과 함께 시작했다. 같은 공간에서, 같은 시간에 운동했고, 가치관도 비슷했기에 서로를 잘 알고 있다는 점은 분명 큰 장점이었다. 하지만 시간이 흐르며 나는 그것이 단점이 될 수 있다는 사실도 경험하게 되었다. 지인과 함께 일한다는 건 편리함과 유대감만큼이나 기대와 실망, 경계와 긴장, 감정적 소모라는 그림자도 동반한다. 무엇보다 가장 큰 문제는 내부의 분위기가 너무 '우리끼리'가 되어 새로운 선생님이 들어왔을 때 쉽게 적응하지 못한다는 점이었다. 분위기가 배타적으로 비칠 수도 있고, 오랫동안 쌓인 관계 앞에서 신입 트레이너는 위축되기도 한다. 이후 나는 '모두가 함께 어울릴 수 있는 분위기'를 만들기 위해 채용, 교육, 시스템에 대해 하나씩 구조화하기 시작했다.

피트니스 업계는 상시 인력난에 시달린다. PT 문화의 전문화로 인해 고객들의 눈높이는 높아졌지만, 그에 비해 트레이너들의 경력과 준비도는 천차만별이다. 게다가 퇴사율이 높고, 트레이너라는 직업 특성상 개인 사업화되기 쉽기 때문에 대표가 되면 '사람을 구하고 관리하는 일'이 하루의 절반 이상을 차지하게 된다. 한 명을 어렵게 채용했는데 하루가 멀다 하고 동일한 교육을 반복해야 한다면 대표의 에너지와 시간이 고갈되는 것은 시간문제다. 그래서 나는 교육을 '자동화'하기 위한 시스템을 만들었다.

8년 전부터 유튜브를 시작했다. 물론 그 채널은 대단한 조회수나 구독자를 가진 채널이 아니다. 하지만 그것이 중요하지 않았다. 내가 교육할 내용을 영상으로 정리해 업로드한 것, 그것이 가장 중요한 첫걸음이었다. 신입 트레이너가 입사하면 가장 먼저 그 영상부터 시청하게 한다. 내용은 센터의 운영 철학, 기본적인 응대 매너, 수업 기준, 상담 방식 등 지속적으로 반복될 내용을 담는다. 영상으로 설명하니 트레이너 입장에서도 스마트폰으로 이동 중에 보고, 반복 학습이 가능하며, 대표는 같은 말을 수십 번 반복할 필요가 없어진다. 교육의 질은 동일한데 시간은 절약된다. 게다가, 영상 콘텐츠를 만들며 나도 편집 능력이 늘었고 센터를 알리는 콘텐츠로 활용할 수 있는 마케팅 자산이 되기도 했다.

만약 영상이 어렵다면, 최소한의 텍스트 기반 매뉴얼이라도 만들어야 한다. 헤어숍, 학원, 병원에도 있는 기본 매뉴얼이 왜 당신의 피트니스 센터에는 없어야 하나? 특히 고객 응대 매뉴얼, 클레임 발생 시 대응 가이드, 회원 상담 시 사용 문구, 복장 규정, SNS 사용 가이드 등은 대표가 없어도 '누구든 일관성 있게 행동할 수 있도록' 준비되어야 한다. 이 모든 것은 '자동화'가 아닌, '시스템화'의 시작이다. 반복되는 교육을 줄이고, 트레이너들의 초기 정착을 돕는 것, 그것이 진짜 운영의 기본이다. 신입이 들어왔을 때 대표가 매번 다정하고 열정적으로 설명해 줄 수 있는 것은 1호점, 또는 직원이 한두 명일 때의 이야기다. 지점이 늘고 직원이 5명, 10명이 되는 순간 교육은 개인의 에너지로 감당할 수 있는 영역을 벗어나게 된다.

또 하나, 트레이너 채용이 어려울 때를 대비한 실전 전략도 필요하다. 모든 센터는 시기적으로 '사람이 도통 구해지지 않는 시기'를 겪는다. 그럴 땐 보통 구인 사이트에 공고를 올리고 기다리지만 효과를 보지 못하는 경우가 많다. 나는 이때, "대표의 얼굴을 전면에 내세우는 방법"을 추천한다. 대표가 직접 얼굴을 드러내고 "이곳은 이런 철학과 문화를 가진 센터입니다."라고 이야기하면 지원자의 신뢰도가 올라간다. 그리고 그 진정성은 생각보다 큰 차이를 만든다. 지원자들은 "내가 이곳에서 일하면 어떤 모습일까?"를 상상한다. 따라서 사진, 영상, 글 어디에서든 센터의 분위기, 문화, 운영 방향을 구체적으로 보여 줘야 한다.

나는 실제 채용 공고를 낼 때 단순히 급여나 조건만 쓰지 않는다. 내가 어떤 사람과 일하고 싶은지, 우리 팀은 어떤 문화를 갖고 있는지, 어떤 신념으로 운영하는지를 진솔하게 쓴다. 그에 더해 블로그, 인스타그램, 홈페이지, 유튜브 주소도 첨부한다. 지원자에게는 내가 어떤 사람인지, 이 조직은 어떤 철학을 가지고 있는지 보여주는 신뢰 포트폴리오가 된다. 신입 트레이너 채용에서 중요한 건, 조건보다 '문화 매칭'이다. 지금은 단순히 누군가 채워졌다는 것에 기뻐할 수 있겠지만, 장기적으로는 나와 뜻이 맞고 센터에 녹아들 수 있는 사람을 찾는 게 더 중요하다. 그런 사람을 만나기 위해선 대표가 진짜 자기 자신을 보여 줘야 한다.

이때 단순 문자로 "트레이너 구인합니다."라고 보내면 안 된다. SNS 메시지나 이력서에 직접 연락할 때도 대표로서의 철학, 방향성, 운영 철칙 등을 담은 소개서를 함께 보내야 한다. 그게 상대에게 신뢰를 만들고, 관심을 유도할 수 있다. 그리고 인원이 늘어나면 생기는 또 하나의 문제, 고객과 트레이너의 매칭과 수업 관리가 어려워진다. 나는 이 문제를 해결하기 위해 고객관리 시스템을 도입했다. 이 시스템은 수업 횟수 체크, 출결 기록, 월말 정산, 서명 기능, 얼굴 인식 등 센터 운영의 모든 데이터를 자동으로 기록하고 정산할 수 있게 해 준다. 대표가 직접 수업 횟수를 체크하고, 수기로 계산할 필요가 없다. 무엇보다 '신뢰' 기반의 정산 시스템을 만들 수 있고 트레이너와의 오해, 실수도 줄일 수 있다.

이 시대에 기술을 활용하지 않고 운영만 아날로그 방식으로 하겠다는 것은 당신의 성장에 스스로 한계를 만드는 일이다. 센터가 커지면 커질수록, 트레이너가 많아지면 많아질수록 대표가 손을 놓아도 굴러가는 시스템이 필요하다. 자동화는 게으름이 아니다. 더 중요한 것에 집중하기 위한 전략적 선택이다. 지금 당장은 한 명 한 명 정성 들여 가르치는 것이 보람일 수 있다. 하지만 더 멀리 가고 싶다면 한 번 만든 교육을, 열 번 활용할 수 있는 구조를 만드는 것이 운영자로서의 기본이다. 시스템으로 굴러가는 교육과 채용의 구조는 결국 당신의 브랜드를 '지속 가능하게' 만든다. 당신이 없어도 움직이는 시스템, 그것이 바로 진짜 센터 운영의 시작이다.

트레이너 채용의 핵심은 이것

트레이너 채용의 핵심은 실력이 아니라 태도였다. 처음엔 자격증과 경력만 보고 뽑았다. 화려한 이력서를 가진 트레이너를 채용했지만, 몇 달 지나지 않아 회원과의 갈등이 잦고 팀워크가 무너졌다. 반대로 경력은 부족했지만 밝은 태도와 배움의 자세가 있던 트레이너는 금세 성장하며 회원 만족도를 높였다. 그 경험을 통해 확실히 알았다. 기술은 가르칠 수 있지만, 태도는 가르칠 수 없다는 것을. 채용 면접에서는 운동 지식보다 인사법, 말투, 회원을 대하는 눈빛을 더 본다. 실제로 "이 사람이 내 가족을 맡아도 안심할 수 있을까?"라는 질문을 스스로에게 던진다. 결국 채용의 성패는 태도에 달려 있다. 태도가 올바른 사람이라면 시간이 해결해 주지만, 태도가 잘못된 사람은 아무리 실력이 뛰어나도 조직을 무너뜨린다.

트레이너를 채용하고 교육하는 일은 대표라면 가장 먼저, 그리고 가장 깊이 고민해야 할 숙제다. 그렇다고 단순한 채용 공고만으로 끝나는 게 아니다. 이 일은 단순히 '사람을 구하는 것'이 아니라 '함께 걸어갈 사람을 찾아가는 과정'이다. PT 센터는 시스템이 아닌 사람이 전면에 나서는 공간이며, 센터의 얼굴은 결국 대표가 아닌 트레이너 한 명 한 명의 모습과 태도다. 트레이너가 고객에게 어떤 인상을 주고, 어떤 가치를 전달하느냐에 따라 센터의 미래가 갈린다고 해도 과언이 아니다. 많은 대표들이 인력 문제로 고민한다. 처음에는 사람을 구하는 것조차 어렵고, 채용이 되었다 하더라도 교육, 운영, 관리, 퇴사에 이르기까지 끊임없이 반복되는 '사람 문제'에 지치게 된다. PT 시장은 빠르게 진화하고 있고, 고객들의 눈높이와 기대치는 갈수록 높아지고 있으며, 트레이너들에게 요구되는 전문성과 서비스 감각도 날이 갈수록 높아진다. 그런데 여전히 배우려는 의지가 없는 트레이너들이 있고, 기초 지식 하나 없이 경력만 내세우며 학습이나 성장에 관심이 없는 이들이 업계에 존재한다. 결국 대표가 선택해야 할 방향은 단 하나, 배움의 열정이 있는 사람을 선별하고 시간을 들여 함께 만들어가는 것이다. 가끔 대표들 중엔 "경력 많고 인지도 있는 선생님을 데려오면 되지 않냐."고 말한다. 물론 단기간 수익이나 외적 안정감을 위해선 효과적일 수 있다. 하지만 나는 철저하게 반대한다. 오히려 '백지 상태'의 사람을 선호한다. 경력이 없는 신입은 시간이 오래 걸릴 수는 있지만 대표의 색깔을 그대로 입힐 수 있는 순수한 도화지다. 이들은 자존심이나 고정관념이 없기에 빠르게 흡수하고 대표의 말 한마디, 운영 철학, 문화까지 빠르게 내재화한다. 반면 경력자는 바로 투입이 가능하고 고객 대응도 능숙하지만, 그 이면에는 "내 방식이 맞다."는 고정된 틀과 보이지 않는 벽이 있다. 대표가 제시하는 철학에 의문을 갖고, 실력보다 자존심을 지키는 데 집중하는 경우가 많다. 결국 내부 갈등이나 사소한 충돌로 조직 전체의 흐름을 방해하기도 한다. 물론 백지 상태의 트레이너는 시간이 많이 든다. 교육, 피드백, 실습, 멘탈 케어까지 대표가 담당해야 한다. 그래서 나는 교육 자동화 시스템, 영상 매뉴얼, 채용 시스템화를 강조한다. 한 명을 온전히 끌어올리려면 3개월~4개월은 기본이다. 하지만 그 이후, 이 트레이너가 팀에 녹아들고 철학과 문화를 내면화하며, 회원과 관계를 쌓고 성장을 시작했을 때, 그 사람은 단순한 '직원'이 아닌 브랜드를 함께 만들어 가는 구성원이 된다. 교육을 마쳤다고 전부가 아니다. 어떤 이들은 모든 교육을 끝내고 노력을 쏟았음에도 "잘 모르겠다."며 떠나기도 한다. 이건 아쉬워할 일이 아니다. 차라리 빨리 이별하는 것이 서로에게 유익한 선택이다. 맞지 않는 옷을 억지로 입고 함께 간다면 그 시간은 서로에게 손해이자 기회의 상실일 뿐이다. 중요한 것은 그 과정에서 대표가 '진심을 다했느냐.'다. 대표로서의 역할을 다했다면 떠나는 사람에 대한 미련은 놓고 다음 사람을 위한 준비에 집중해야 한다. 그렇다면 좋은 트레이너는 어디서 찾을 수 있을까? 나는 가장 높은 확률의 방법이 하나 있다고 본다. 바로 "직접 교육 현장에 들어가는 것"이다. 최근에는 다양한 트레이너 교육 과정이 생겨나고 있다. 교정운동 전문가 패시브스트레칭전문가, NASM, 국내 사설 자격과정, 실전 교육 코스 등 각종 커리큘럼이 트레이너를 꿈꾸는 이들로 가득하다. 나는 이 교육에 직접 수강생으로 들어간다. 트레이너를 채용하기 위해서가 아니라 스스로 배움의 자세를 유지하기 위해서, 그리고 함께 할 인물을 찾기 위해서다. 수업을 함께 듣다 보면 그 사람의 질문하는 방식, 눈빛, 태도, 메모하는 습관 등을 통해 자연스럽게 성향과 에너지가 느껴진다. 이 과정은 단순 면접보다 훨씬 더 정확하다. 그리고 그 사람도 느낀다. 업계에서 경험 많은 대표가 함께 수업을 듣고 있고 자신을 유심히 지켜보고 있다는 사실을. 이런 인연이 쌓여 센터에 입사하게 된다면 그 사람은 단순한 지원자가 아닌 같은 시간과 공간을 공유한 동반자가 된다. 또 하나 강조하고 싶은 건, 대표도 여전히 배움의 현장에 있어야 한다는 것이다. 많은 대표들이 대표가 되면 외부 교육에 소극적이 된다. "이제 가르칠 사람이 없는데 내가 뭘 배우러 가나?" 이런 자존심이야말로 가장 큰 발목이다. 대표가 공부하지 않는 센터는 오래 가지 못한다. 시장의 흐름을 모르는 센터는 결국 도태된다. 대표가 교육을 듣고, 함께 배우고, 배우는 모습을 직원이 보게 되면 그 자체로 조직 문화가 바뀐다. 트레이너에게도 "우리 센터는 배워야 하는 조직이다."라는 인식이 심어진다. 사람은 사람으로부터 배운다. 그리고 성장하는 조직에는 늘 배움의 향기가 돈다. 단지 월급만으로 사람을 잡는 시대는 지났다. 대표의 가치관과 성장이 직원에게 전이될 수 있을 때 비로소 강한 팀이 만들어진다. 결국 핵심은 이것이다. 누구와 함께할 것인가, 어떻게 함께 성장할 것인가, 그리고 그 관계를 어떻게 이어갈 것인가. 트레이너를 채용하는 것은 '단순한 인력 확보'가 아니라 브랜드를 함께 만들 주인공을 찾는 것이다. 그 사람을 찾기 위해 지금 대표는 책상 앞이 아닌, 배움의 현장에 있어야 한다.

트레이너 평가, 이렇게 한다

트레이너 평가를 처음 도입할 때 나는 단순히 매출 수치만 보면 된다고 생각했다. 하지만 시간이 지나 보니 매출만으로는 한 사람의 역량을 제대로 가늠할 수 없었다. 그래서 평가 기준을 다각도로 바꿨다.

첫째, 수업 태도와 회원 반응이다. 회원이 재등록을 하는 이유는 결국 트레이너의 태도와 수업 만족도에서 나오기 때문이다. 나는 회원 피드백을 익명 설문으로 받아 트레이너가 스스로 돌아볼 수 있게 했다.

둘째, 팀워크와 협업 능력이다. 혼자 잘하는 트레이너보다, 동료와 정보를 나누고 분위기를 살리는 트레이너가 조직에 더 큰 힘이 된다.

셋째, 자기 성장 노력이다. 새로운 운동 지식을 배우거나 콘텐츠를 제작하는 등 자기 계발을 이어가는지를 본다.

매출은 결과일 뿐, 과정에서 보여 주는 태도와 성장 가능성이 진짜 평가 기준이었다. 이렇게 하니 트레이너들도 숫자 압박보다 자기 발전에 집중하게 되었고, 조직 분위기도 훨씬 건강해졌다.

트레이너 평가에서 가장 중요한 것은 정량적 지표와 정성적 지표를 함께 보는 것이다. 피트니스 센터의 핵심 자산은 기구나 인테리어가 아니라 사람, 즉 트레이너이며, 그들이 얼마나 성장하고 팀에 기여하는지를 판단할 기준이 없다면 조직은 '감'에 의존하게 된다. 감에 의존한 평가는 오해와 갈등을 만들지만, 합리적인 평가 시스템은 트레이너에게 성장 방향을 제시하고 센터에는 기준점을 마련해 준다. 정량적 지표는 월간 PT 등록 건수, 재등록률, 상담 전환율, 고객 출석률, SNS 홍보 참여 횟수, 수업 이탈률, 수업 개수, 매출 기여도처럼 수치로 확인 가능한 항목들이다. 예를 들어 한 트레이너가 월 10건의 상담 중 8건을 등록으로 전환했다면 전환율은 80%로, 이는 커뮤니케이션 능력이 뛰어남을 보여 준다. 하지만 외부 요인의 영향을 받기에 단독 지표로 판단해서는 안 되며, 현재 위치와 흐름을 파악하는 참고 자료로 활용해야 한다. 반면 정성적 지표는 태도, 인성, 협업 능력, 성장 의지 등 숫자로 측정할 수 없는 가치로, 조직 분위기와 장기 방향성에 큰 영향을 준다. 협업 태도, 회원과의 유대감, 클레임 대처, 행사 참여도, 콘텐츠 제작, 신입 교육 지원 등이 여기에 해당하며, 이는 시간이 쌓여 신뢰라는 자산이 된다. 정성적 지표는 객관화가 어렵기 때문에 기록과 관찰, 정기적인 피드백이 필요하고, 비판이 아니라 성장 기회를 제공하는 과정이 되어야 한다. 매출만으로 평가하면 단기 성과는 가능하지만 장기적으로 고객 이탈과 내부 불협화음이 생기며, 태도만 강조하면 수익이 줄어 센터가 유지되지 못한다. 따라서 두 지표의 균형이 중요하며, 평가는 반드시 트레이너와 공유되어야 한다. 일방적 평가는 반발을 부르고, 트레이너가 스스로 목표를 설정하고 피드백을 반영할 수 있어야 한다. 이렇게 마련된 시스템은 센터의 브랜드 가치를 높이고, 철학을 이해하며 협업하고 신뢰를 쌓는 트레이너를 남긴다. 평가 기준을 매출 중심으로만 두면 조직문화가 결과 중심이 되어 팀워크가 무너지고, 장기 생존력이 떨어진다. 센터가 커질수록 다양한 성향과 기여도를 인정하는 시스템이 필요하며, 고객 만족, 마케팅, 팀워크 등 모든 기여가 평가에 반영되어야 한다. 결국 성장하는 센터는 트레이너를 노동자가 아닌 동료이자 파트너로 보고, 정량과 정성을 함께 사용하는 이유는 '사람을 보고 사람을 키우기 위함'이다. 이런 기준이 있어야 고객도, 트레이너도, 대표도 오래 함께할 수 있다.

사람 관리 정답 없다

　나는 처음에 사람 관리에도 정답이 있다고 믿었다. 매뉴얼만 잘 만들면 누구나 똑같이 움직일 거라 생각했다. 그래서 규칙을 정하고, 모든 직원에게 똑같이 적용했다. 그런데 결과는 예상과 달랐다. 어떤 직원은 규칙 속에서 안정감을 느꼈지만, 또 어떤 직원은 답답하다며 금세 지쳐 나갔다. 그제야 깨달았다. 사람 관리에는 절대적인 정답이 없다는 걸. 누군가는 칭찬이 동기부여가 되고, 누군가는 압박 속에서 성과를 낸다. 실제로 한 직원에게는 자유를 줬을 때 성과가 나왔고, 또 다른 직원은 매일 체크리스트를 통해서만 집중했다. 나는 그 경험을 통해 사람을 하나의 공식으로 대하지 않고, 각각의 성향과 상황을 보고 다르게 접근하는 법을 배웠다. 결국 사람 관리는 정답이 아니라 '맞춤형 해답'을 찾는 과정이었다.

　사람 관리는 경영에서 가장 어려운 분야이자, 정답이 없는 영역이다.

수많은 경영서, 리더십 서적, 조직관리 관련 자료를 읽어도, 결국 사람은 예측할 수 없는 존재라는 결론에 도달하게 된다. 대기업이든 중소기업이든, 스타트업이든 개인사업장이든, 떠날 사람은 결국 떠나고 남을 사람은 끝까지 남는다. 그리고 그 이유는 회사의 규모나 복지 수준, 급여의 많고 적음만으로는 설명되지 않는다.

대기업에서 수억 원 연봉을 받는 직원이 갑자기 퇴사하는 경우도 있다. 반대로, 작은 회사에서 월급이 많지 않음에도 10년, 20년을 함께하는 직원도 있다. 사람의 마음을 결정짓는 요인은 금전뿐만 아니라, 개인의 가치관, 인생 단계, 가족 상황, 건강, 인간관계, 심지어 그날의 기분까지 복잡하게 얽혀 있다. 그렇기 때문에 경영자가 "어떻게 하면 한 명도 안 떠나게 할 수 있을까?"라는 질문을 던지는 순간, 이미 함정에 빠지고 있는 것이다.

사람은 변한다. 입사 초기에 열정과 충성심이 넘쳤던 직원이 시간이 지나며 다른 목표를 품게 되는 것은 자연스러운 일이다. 결혼, 출산, 이사, 진로 변경, 건강 문제 등은 경영자가 통제할 수 없는 변수다. 아무리 잘 대해 주고, 기회를 주고, 급여를 인상해도, 그 사람의 인생 방향과 회사의 방향이 어긋나면 결국 이별의 순간이 온다. 문제는 그때 경영자가 일희일비하며 감정적으로 대응하면, 조직 전체가 흔들릴 수 있다는 점이다.

그래서 중요한 것은 사람을 붙잡는 데 에너지를 다 쓰는 것이 아니라, 떠날 사람이 떠나도 버틸 수 있는 시스템을 갖추는 것이다. 시스템이란, 특정 개인에게 의존하지 않고도 조직이 정상적으로 돌아가는 구조를 말한다. 예를 들어, 업무 매뉴얼을 체계적으로 작성하고, 인수인계 절차를 표준화하며, 데이터와 정보를 개인이 아닌 조직이 보유하게 하는 것이다. 그래야 한 명이 떠나더라도, 그 사람이 맡았던 업무가 공중에 붕 뜨는 일이 없다.

또한, 채용과 교육 시스템 역시 중요하다. 새로운 인력을 신속하게 채용하고, 빠르게 조직에 적응시킬 수 있는 교육 체계가 마련되어 있어야 한다. 인재가 들어오는 통로와 성장하는 사다리가 명확하다면, 한 사람이 떠나도 그 공백을 메우는 데 걸리는 시간이 최소화된다. 반대로, 채용이 느리고 교육이 즉흥적이라면, 한 명의 퇴사가 치명적인 타격이 될 수 있다.

물론, 시스템이 전부는 아니다. 사람은 감정의 동물이기 때문에, 구성원 간의 신뢰와 존중은 여전히 중요하다. 그러나 이 부분 역시 '정답'이 없다. 어떤 사람은 상사의 관심과 칭찬을 원하고, 어떤 사람은 간섭 없는 자율성을 원한다. 어떤 사람은 명확한 지시를 좋아하고, 어떤 사람은 자유롭게 시도할 기회를 원한다. 결국 경영자는 구성원 한 명 한 명을 이해하려 노력해야 하지만, 그 이해가 영원히 유지되리라 기대해서는 안 된다.

경영자가 가져야 할 마음가짐은 이렇다. "사람은 언제든 떠날 수 있다. 그러나 조직은 남아야 한다." 이 관점으로 보면, 퇴사는 개인의 선택이지, 반드시 조직의 실패가 아니다. 물론 반복적인 이탈이 특정 부서나 리더에서만 발생한다면 원인을 분석하고 개선해야 한다. 그러나 개별적인 이탈에 지나치게 반응하면, 남아 있는 구성원에게도 불안감과 불신을 심어줄 수 있다.

결국 사람 관리의 핵심은 '변수를 없애는 것'이 아니라, '변수에 대비하는 것'이다. 시스템이 그 대비책이다. 업무가 표준화되어 있고, 정보가 중앙에 모여 있으며, 대체 인력이 준비되어 있는 회사는 구성원 한두 명의 이탈로 무너지지 않는다. 이런 회사는 오히려 퇴사가 새로운 기회가 되기도 한다. 새로운 사람이 들어오며 신선한 아이디어와 다른 시각을 제공하고, 조직 문화에 활력을 불어넣는 경우도 많다.

사람을 붙잡는 데만 집중하는 회사는 결국 두 가지 문제에 부딪힌다. 하나는, 붙잡기 위해 과도한 혜택을 제공하면서도 만족시키지 못하는 역효과다. 사람의 기대치는 시간이 지날수록 높아지기 때문에, 한 번 혜택을 주면 그 다음엔 더 큰 혜택을 요구받게 된다. 두 번째는, 떠나지 않는 사람이라도 조직에 부정적인 영향을 주는 경우다. 단지 오랫동안 남아 있다는 이유만으로 그 사람이 '좋은 인재'라고 착각하면, 조직 전체의 사기가 떨어질 수 있다.

경영자는 사람에 대한 기대와 집착을 줄이고, 대신 시스템과 문화에 투자해야 한다. 시스템이 업무의 안정성을 보장한다면, 문화는 구성원의 자발성을 이끌어낸다. 좋은 문화는 강제적으로 붙잡는 것이 아니라, 사람들이 스스로 남고 싶게 만든다. 이는 급여나 복지보다 훨씬 강력한 유지 요인이 될 수 있다. 하지만 문화 역시 개인의 가치관 변화에 따라 무력화될 수 있음을 잊지 말아야 한다.

정리하면, 사람 관리에는 절대적인 정답이 없다. 떠날 사람은 떠나고, 남을 사람은 남는다. 중요한 건 그 과정에서 조직이 무너지지 않도록 설계하는 것이다. 경영자는 사람의 변화를 두려워하지 말고, 변화를 견딜 수 있는 구조를 만들고, 필요할 때 그 변화를 활용할 수 있어야 한다. 그렇게 되면, 사람은 떠날 수 있지만, 회사는 절대 무너지지 않는다.

2호점 흔히 하는 실수

1호점에서 2호점으로 확장하는 과정은 단순히 지점을 하나 더 늘리는 문제가 아니다. 많은 대표들이 이제 어느 정도 자리가 잡혔다고 판단하고 두 번째 지점을 서두르지만, 실제로는 준비되지 않은 확장은 오히려 기존 사업의 기반을 흔들어 버릴 수 있다. 가장 큰 위험은 핵심 멤버를 2호점으로 이동시키는 방식에서 시작된다. 대표 입장에서는 믿을 수 있는 인재를 새로운 지점에 배치하는 것이 가장 안전한 선택처럼 보이지만, 그렇게 되면 1호점이 공백을 맞게 된다. 기존 회원들이 믿고 따르던 인물이 빠져나가면 서비스 품질이 흔들리고, 그 여파는 회원 불만과 이탈로 이어진다. 결국 매출이 줄고 1호점의 안정성이 무너진다. 그렇기 때문에 2호점을 내기 전에 반드시 확인해야 할 핵심 질문은 명확하다. "핵심 멤버가 빠져도 1호점이 안정적으로 운영될 수 있는가?"라는 질문에 자신 있게 그렇다고 답할 수 있어야 한다.

초기에는 특정 개인의 역량에 크게 의존하는 경우가 많다. 뛰어난 트레이너, 회원 관리에 능한 매니저, 혹은 대표 본인의 역량이 1호점을 이끌어가는 원동력이 된다. 그러나 이런 구조는 확장 단계에서 반드시 한계를 드러낸다. 지점이 늘어나면 더 이상 한두 명의 능력으로 모든 것을 책임질 수 없고, 사람에 의존하는 방식은 위험해진다. 따라서 확장은 곧 시스템 중심으로 전환해야 한다는 것을 의미한다. 예를 들어, 회원 상담과 등록, 수업 관리, 매출 관리가 특정 인물의 노하우에만 의존한다면 그 사람이 떠나는 순간 모든 것이 무너진다. 하지만 이를 문서화하고, 매뉴얼과 교육 체계로 정리해 두면 새로운 인력이 들어오더라도 서비스 품질은 유지된다. 결국 중요한 것은 사람 중심에서 벗어나 시스템 중심으로 바뀌는 것이다.

팀 빌딩의 의미도 단순히 좋은 사람을 뽑는 수준이 아니다. 대표의 철학과 비전을 공유하고, 이를 실무에서 구현할 수 있는 멤버들이 필요하다. 특히 중요한 점은 핵심 멤버 한두 명이 아니라 팀 전체의 역량이 균형을 이루는 것이다. 1호점이 안정적으로 운영된다는 것은 곧 누군가의 개인 능력이 아니라 팀의 힘으로 운영된다는 뜻이다. 트레이너, 매니저, 프론트, 청소와 시설 관리 담당자까지 각자 역할이 자리를 잡아야 한다. 그래야만 특정 멤버가 빠져도 조직이 흔들리지 않는다. 또한 팀 빌딩은 대체 가능성을 만드는 과정이다. 한 명이 자리를 비우더라도 그 공백을 메울 수 있는 시스템과 인력이 있어야 한다. 이를 위해서는 내부 교육과 멘토링, 체계적인 매뉴얼이 필수적이다. 누구나 어느 정도는 대체 가능한 상태, 이것이 팀 빌딩의 진짜 목적이다.

그렇다면 안정감 있는 구조란 무엇일까. 첫째, 회원 관리가 시스템화 되어 있어야 한다. 특정 트레이너나 매니저가 아니라 시스템 자체가 회원을 관리하는 구조여야 한다. 둘째, 매출 구조가 분산되어 있어야 한다. 한두 명의 스타 트레이너 매출에 의존하지 않고 여러 트레이너가 고르게 성과를 내는 구조가 필요하다. 셋째, 교육 체계가 정립되어 있어야 한다. 새로운 인력이 들어오더라도 빠르게 적응할 수 있도록 매뉴얼과 교육 프로그램이 있어야 한다. 넷째, 조직 문화가 자리를 잡아야 한다. 대표가 직접 일일이 지시하지 않아도 팀이 자율적으로 움직이며 분위기를 유지할 수 있어야 한다. 이 네 가지가 갖춰져야만 비로소 2호점 확장을 논할 수 있다.

결국 1호점에서 2호점으로 넘어가는 것은 단순한 지점 확장이 아니라 조직의 운영 방식이 성숙하는 과정이다. 핵심 멤버 한두 명에게 기대는 구조를 넘어, 팀과 시스템에 기반해 움직이는 구조로 변화해야 한다. 핵심 멤버를 빼서 2호점을 만드는 방식은 가장 위험한 선택이며, 반드시 1호점이 그 공백에도 흔들리지 않고 안정적으로 운영될 수 있는 체계를 먼저 완성해야 한다. 2호점 확장은 새로운 도전이 아니라 오히려 1호점 시스템의 완성도를 검증하는 무대다. 1호점이 대표나 핵심 인물 없이도 안정적으로 운영된다면, 그때가 비로소 진정한 확장의 시점이다.

10년간 칭찬받은
단 하나의 원칙

급여와 신뢰는 절대 밀리지 않는다는 것이다. 센터를 운영하며 가장 많이 들었던 칭찬은 화려한 인테리어나 SNS 운영 노하우, 마케팅 성과가 아니었다. 바로 "이 센터는 월급이 절대 밀리지 않는다."는 말이었다. 당연하게 들릴 수 있지만 현실은 다르다. 실제로 많은 피트니스 센터 대표들이 월급 지급일을 넘기거나 며칠씩 미루기도 한다. 급여가 밀린다는 것은 단순한 금전 문제가 아니라 대표와 직원 간의 신뢰를 무너뜨리는 지름길이다. "돈이 없어서요."라는 말은 핑계일 뿐이다. 예상치 못한 변수와 경제 위기가 닥쳐도 밀려서는 안 된다. 대표라면 적어도 3개월치 고정지출(급여 + 월세)은 유보금으로 확보해 둬야 하며, 가장 먼저 보호해야 할 것은 팀이다. 코로나 당시 신용대출을 받아서라도 월급을 하루도 밀리지 않게 했고, 덕분에 퇴사자 없이 전원 유지할 수 있었다. 위기가 지나고 남은 사람들과 함께 다시 성장할 수 있었다. 수익을 만드는 것만큼 사람을 지키는 것이 중요하다. 급여를 며칠 미루면 직원 사이에 소문이 퍼지고, 절실하게 구인을 해야 할 때 아무도 오지 않을 수 있다. 평판은 빠르고 멀리 퍼진다. 트레이너 채용 시장은 좁고 빠르며, 좋은 평판이 돌면 지원자가 스스로 찾아온다. '급여가 밀리지 않는 센터'라는 사실 하나만으로도 많은 인재가 찾아왔다. 반대로 노동 착취는 작아 보이지만 치명적이다. 무급 수업, 무리한 업무 지시, 수습 기간 방치 등은 대표의 신뢰를 무너뜨린다. 사람들은 조건보다 분위기를 보고 평가한다. 한 명의 트레이너가 가진 힘은 크다. 처음 입사한 트레이너가 진정성과 성장 비전을 느끼면 또 다른 인재를 데려오며 선순환이 생긴다. 떠날 사람은 떠나지만, 남은 사람은 당신의 전부다. 공들여 성장시킨 직원이 팀장, 점장이 되어 회사를 지키고, 이는 회원들의 신뢰와 매출 상승으로 이어진다. 장기적인 시선이 승리를 만든다. 하루 이틀 급여를 미루거나 무임금 수업을 시키는 것은 당장의 지출을 줄일 수 있으나 브랜드와 평판을 망가뜨리는 독이다. 대표는 3개월짜리 인생이 아닌, 3년, 5년, 10년짜리 회사를 만들어야 한다. 나는 지금까지 하루도 급여를 밀린 적이 없고, 그 한 가지 원칙이 나를 지켜 줬다. 직원은 파트너이며, 파트너는 믿음으로 묶인다. "나는 대표로서 약속을 지킨다."는 말이 당신 브랜드의 철학이 되길 바란다.

수업 배정은 단순한 '순번'이 아니다

　나는 처음에 수업 배정을 단순히 '순번표'처럼만 생각했다. 공평하게 돌려주면 된다고 여겼다. 그런데 실제로 운영해 보니 전혀 달랐다. 트레이너마다 강점과 스타일이 다르고, 회원마다 원하는 니즈가 달라서 무작정 순번만 돌리면 불만이 쌓였다. 예를 들어, 자세 교정을 원한 회원에게는 꼼꼼한 트레이너가, 동기부여가 필요한 회원에게는 에너지가 넘치는 트레이너가 맞았다. 그래서 나는 수업 배정을 회원과 트레이너의 '매칭 작업'으로 바꾸었다. 단순히 빈 시간을 채우는 게 아니라, 누가 맡을 때 회원의 만족도가 가장 높을지를 기준으로 삼았다. 이렇게 하니 회원은 더 오래 남았고, 트레이너도 자신의 강점을 살리니 성과가 자연스럽게 올라갔다. 결국 수업 배정은 공평한 순번이 아니라, 회원과 트레이너 모두가 성장하는 전략적 퍼즐 맞추기였다.

　많은 대표들이 공평하게 순서대로 배정하거나 실력 있는 트레이너에게 몰아주면 된다고 생각하지만, 실제 운영에서는 그렇지 않다. 이건 단순한 배분이 아니라 사람과 사람 사이의 관계를 설계하는 일이며, 회원과 트레이너의 '궁합'을 맞추는 작업이다. 회원은 운동을 배우는 동시에, 대화하고 신뢰를 쌓는 시간을 갖는다. 그렇기에 성향이 맞지 않으면 수업은 매끄럽게 진행되지 않는다. 예를 들어, 50대 고객과 20대 초반 트레이너가 매칭되면 운동은 가능하더라도 대화와 정서적 소통이 어렵다. 반대로, 감정 표현이 섬세한 트레이너와 감성적인 30대 고객이 만나면 운동 외적으로도 깊은 관계가 형성되어 충성도가 높아진다. 결국 중요한 건 실력뿐 아니라 소통력, 연령대, 성격, 커뮤니케이션 방식까지 종합적으로 고려하는 것이다.

트레이너 입장에서도 회원은 동기부여의 원천이다. 회원이 트레이너를 평가하듯, 트레이너도 회원을 통해 의욕을 얻거나 잃는다. 수업에서 즐거움을 느끼지 못하면 말수가 줄고 표정이 굳으며, 이 변화는 고스란히 회원에게 전달된다. 그러다 보면 "그 회원 성향이 우리 쌤이랑은 안 맞았던 것 같아요."라는 말이 나온다. 이는 트레이너의 잘못도, 회원의 문제도 아닌 대표의 매칭 전략 미스다. 특히 1호점 단계에서는 대표가 직접 대화 분위기, 눈빛, 표정, 톤까지 세심히 관찰해야 한다. 어떤 트레이너가 어떤 연령대와 잘 맞는지, 어떤 성향의 고객이 어떤 스타일의 트레이너에게 호감을 보이는지, 특정 트레이너가 어떤 상황에서 부담을 느끼는지를 기록하고 감각적으로 쌓아야 한다. 이렇게 하면 맞춤형 수업 배정 시스템이 구축된다.

자율 배정을 택하는 센터도 있지만, 이는 내부 경쟁과 불만을 초래할 위험이 있다. "왜 나는 신규 회원이 적지?", "저 쌤만 계속 배정받는 거 아니야?" 같은 감정의 골이 깊어질 수 있다. 그래서 대표는 언제나 공정한 기준과 섬세한 조율자로서 회원의 니즈와 성향, 트레이너의 스타일과 적응력, 번아웃 여부나 컨디션까지 고려해야 한다. 수업 배정은 성공 확률을 높이는 설계다. 모든 트레이너가 완벽할 수 없고, 모든 고객이 이해심이 넓은 것도 아니다. 하지만 대표가 의도적으로 '이 조합이라면 잘될 가능성이 높다.'는 판단하에 배정하면, 컴플레인은 줄고 이탈률도 낮아지며 트레이너가 고객을 소중히 여기는 문화가 자리 잡는다.

수업 배정 능력은 장기적인 성장 기반을 만든다. 효율적인 수업 배정은 매출 상승, 고객 만족, 직원 만족, 낮은 이탈률을 동시에 충족시키는 운영의 핵심축이다. 트레이너도 사람이고, 회원도 사람이다. 그 사이를 설계하는 대표 역시 사람이어야 한다. 하루하루 바쁜 일정 속에서도 직원의 표정, 말투, 분위기를 놓치지 말고, 회원들의 후기를 통해 감정선이 잘 연결되고 있는지를 점검해야 한다. 이런 작은 감각들이 쌓일 때, 1호점을 넘어 5호점, 10호점을 운영할 준비가 된 운영자가 된다.

대표가 수업만 열심히 하면
안 되는 이유

PT 센터를 창업한 당신은 누구보다 열심히 살고 있을 것이다. 새벽같이 출근해 센터를 열고, 회원과 상담하고, 하루 10개 이상의 수업을 진행하며 직원도 챙기고, 뒤늦게야 늦은 점심을 먹는 날들이 반복된다. 이 모든 과정을 끝낸 뒤, 지친 몸을 이끌고 집에 돌아가면 책을 펼치거나 블로그를 쓰는 일보다 먼저 "그냥 좀 쉬고 싶다."는 마음이 앞선다. 이해한다. 나 역시 창업 초기엔 같은 상황을 겪었다. 투자금 회수의 압박, 내가 직접 수업을 하면 수익이 빠르게 발생한다는 생각, 그리고 대표로서 모범을 보여야 한다는 마음까지. 그래서 나는 하루 10개 이상의 수업을 몇 달이고 이어갔다. 그러나 이상하게도, 수업은 했지만 내 센터는 제자리걸음이었다. 몸은 고되고, 마음은 불안한데 왜 나는 '계속해서 앞으로 나아가지 못하고 있을까?'라는 의문이 생겼다.

수업에 몰입한 대표는 '사고할 시간'을 잃는다. 대표가 매일 수업에만 매달리면 센터 전체를 조망할 수 없게 된다. 직원 간 갈등의 조짐, 회원 이탈의 흐름, 경쟁업체의 마케팅, 우리의 콘텐츠 품질, 향후 지점 확장 계획, 브랜딩과 시스템 정립…. 이 모든 중요한 전략적 판단을 위한 '고요한 사고의 시간'이 사라진다. 대표가 수업에만 집중하면, 대표가 해야 할 본질적인 '경영'은 자리를 잃는다.

대표는 직원보다 2배 이상의 더 큰 가치를 생산해야 한다. 단순 수치로 계산해 보자. 회당 5만 원짜리 수업을 10개 진행하면 하루 50만 원. 한 달 20일 기준, 1천만 원의 매출이 가능하다. 여기서 임대료, 세금, 투자금 감가 등을 제외하면 손에 남는 돈은 500~600만 원 수준이다. 하지만 이 돈은 '직원도 충분히 벌 수 있는 돈'이다. 그렇다면 대표는 과연 왜 대표인가? 대표라면, 더 높은 곳을 바라보며 '직원이 할 수 없는 일'을 해야 한다. 대표는 직원보다 더 멀리 봐야 하고, 더 넓은 판을 짜야 하며, 더 깊은 책임을 져야 한다.

직원처럼 수업만 하다가는, 그 자리에 머무르게 된다. 나는 실제로 10년 넘게 같은 센터에서 같은 방식으로 수업만 하는 대표들을 봐왔다. 그들은 열심히 살았지만 결국 '매니저'가 아닌 '고급 트레이너'로 남아 있었다. 수업이 곧 매출이니까 그 수업을 놓는 것이 불안하고 손에서 수업을 놓는 순간, 센터가 무너질까 봐 두려운 것이다. 하지만 중요한 건 그 수업을 직원에게 위임하고도 센터를 성장시킬 수 있는 시스템을 갖추는 것이다. 대표는 자기 손을 빼야 손이 열리는 구조를 만들어야 한다.

대표가 수업을 놓는다는 건 '놀겠다는 것'이 아니다. 그 시간 동안 해야 할 일이 더 많고, 더 어렵다. 마케팅 전략 수립, 블로그·SNS·영상 콘텐츠 제작, 고객 피드백 분석, 장기 플랜 수립 및 지점 확장, 트레이너 관리와 조직 문화 설계, 이탈률 관리 및 CS 대응 시스템 구축, 세무·노무·계약 검토, 타 업종과의 연계·협업 준비. 이 모든 것들을 기획하고 실행하는 사람이 대표다. 수업을 손에서 놓는 순간부터 비로소 당신은 '진짜 대표'가 될 수 있다.

창업은 시작일 뿐이고, 대표는 '직책'이 아니라 '전략'이다. 대표가 직접 수업을 진행해도 되는 경우는 있다. 센터가 너무 작거나, 직원이 부족하거나, 직접 가르치는 것이 브랜딩의 일환일 때. 하지만 그것조차도 대표가 전략적으로 선택해서 하는 것이어야 한다. '어쩔 수 없이 한다.'는 것은 대표라는 위치에 있는 사람이 이미 본질을 잊고 있다는 뜻이다.

대표는 멈추지 말고 확장해야 한다. 대표가 꾸준히 수업만 하며 매월 비슷한 수입을 올리는 것은 어찌 보면 '편안한 실패'일 수도 있다. 당신이 만든 센터는 그저 '직원 없이 혼자 일하는 공간'일 뿐이다. 만약 어느 날, 몸이 아프거나 더 이상 수업을 진행할 수 없게 된다면 그 순간 매출도 멈춘다. 이것은 '직원보다 더 불안한 인생'이다.

대표는 공부해야 한다. 전공 외 공부까지. 나는 체육학 전공자였지만 결국 MBA로 진학했다. 처음엔 생소한 용어, 모르는 개념에 당황했지만 조금씩 익숙해지며 깨달았다. 대표는 전공자일 필요 없다. 대표는 경영자여야 한다. 마케팅, 회계, 리더십, 브랜딩, 세무, 인사, 데이터 분석… 이 모든 것은 당신의 사업을 '진짜 사업'으로 만드는 공부다.

대표는 "더 나은 내일을 만드는 사람"이다. 대표는 단지 센터의 주인이 아니다. 대표는 변화의 책임자이며, 전략의 설계자이며, 모든 문제의 최종 응답자다. 지금 당신이 매일 수업만 하고 있다면, 그건 직원의 자리에서 움직이는 대표일 수 있다. 진짜 대표는 생각하는 사람, 고민하는 사람, 변화시키는 사람이어야 한다. 그 시간에 책을 읽고, 현장을 돌아보고, 데이터를 정리하고, 사람을 만나고, 팀을 설계하라. 대표는 달라야 한다. 대표는 다르게 살아야 한다.

강사가 강사를 키우는 조직만이 오래간다

　나는 처음에 대표가 직접 모든 걸 가르쳐야 한다고 믿었다. 신규 트레이너가 들어오면 하나하나 붙잡고 교육했고, 운영 원칙도 내가 직접 전했다. 하지만 시간이 지나자 한계가 찾아왔다. 내가 일일이 챙길 수 있는 인원에는 한계가 있었고, 지점이 늘어날수록 더 버거워졌다. 그때 깨달았다. 진짜 오래가는 조직은 강사가 강사를 키우는 구조라는 것을. 그래서 선배 트레이너가 후배를 멘토링하도록 시스템을 바꿨다. 처음엔 시간이 오래 걸릴 것 같았지만, 오히려 팀이 빠르게 성장했다. 선배는 가르치면서 더 단단해졌고, 후배는 더 빨리 적응했다. 내가 직접 뛰지 않아도 지점마다 동일한 문화와 기준이 뿌리내렸다. 결국 대표의 힘이 아니라, 강사가 강사를 키우는 힘이 조직을 오래 가게 한다는 걸 몸으로 배웠다.

　조직이 성장하려면 한 사람의 역량에만 의존해서는 안 된다. 특히 교육과 훈련이 중요한 업종에서는 '누가 강의를 잘하느냐.'보다 '강사가 강사를 가르칠 수 있는 시스템이 있는가?'가 훨씬 더 중요하다. 뛰어난 강사가 한 명 있는 조직은 단기적으로 성과를 낼 수 있지만, 그 강사가 빠지면 노하우와 품질이 함께 사라진다. 반면, 강사가 강사를 가르치는 구조를 갖춘 조직은 사람과 시간이 바뀌어도 교육의 품질이 유지되고, 심지어 세대가 바뀔수록 더 발전한다. 이것이 바로 시스템 빌드업의 힘이다.

첫째, 시스템 빌드업의 핵심은 표준화다. 교육 내용과 방식이 강사 개인의 스타일에만 의존하면, 전달되는 메시지와 효과가 들쭉날쭉해진다. 이를 막기 위해서는 교육 매뉴얼, 강의 커리큘럼, 피드백 프로세스를 표준화해야 한다. 표준화는 강사의 개성을 억누르는 것이 아니라, 최소한의 기준선을 만들어 누구나 일정 수준 이상의 교육을 제공할 수 있도록 하는 것이다. 예를 들어, 어떤 강의든 시작 5분 안에 반드시 아이스브레이킹을 포함한다든지, 핵심 메시지는 3번 반복해 전달한다든지 하는 방식이다. 이렇게 하면 새로운 강사가 들어와도 빠르게 조직의 강의 스타일을 습득할 수 있다.

둘째, '강사가 강사를 가르치는 구조'가 필요하다. 이는 단순한 멘토링이 아니라, 교육 설계 자체에 '강사 양성 과정'을 포함시키는 것을 의미한다. 강사가 수강생을 교육하는 동시에, 다른 강사 후보나 신입 강사가 그 과정을 관찰하고 배우도록 설계해야 한다. 더 나아가, 교육 후에는 강사가 직접 후배 강사의 강의를 평가하고 피드백을 주는 구조를 만들어야 한다. 이렇게 하면 강의 기술이 조직 안에서 순환하고, 특정 개인에게 지식이 고여 있지 않게 된다.

셋째, 함께하는 문화가 뒷받침되어야 한다. 강사가 강사를 가르치는 구조가 있어도, 내부 분위기가 경쟁과 견제로만 흐른다면 제대로 작동하지 않는다. '내 노하우를 뺏기면 나는 가치가 떨어진다.'는 생각이 아니라, '내 노하우를 공유하면 조직이 강해지고, 나 역시 더 성장한다.'는 문화가 자리 잡아야 한다. 이를 위해 대표나 리더는 공개적인 자리에서 지식 공유와 협력의 가치를 인정하고 보상해야 한다. 강의 기술을 공유한 강사에게 인센티브를 주거나, 우수한 멘토 역할을 한 강사를 공식적으로 시상하는 것도 좋은 방법이다.

넷째, 피드백과 개선이 끊임없이 이루어져야 한다. 한 번 만든 교육 시스템이 완벽할 수는 없다. 강사가 강사를 교육하는 과정에서 나온 피드백을 반영해, 커리큘럼과 방식, 자료를 계속 업데이트해야 한다. 이 과정에서 '누가 틀렸는지'가 아니라 '무엇을 더 나아지게 할 수 있는지'에 초점을 맞춰야 한다. 이런 환경에서만 강사들은 서로의 강의를 진심으로 분석하고, 개선점을 제안하며, 더 좋은 방법을 함께 찾아낼 수 있다.

다섯째, 장기적인 인재 파이프라인을 설계해야 한다. 강사가 강사를 가르치는 시스템은 단기 교육으로 끝나는 것이 아니라, 장기적으로 강사 인재 풀을 키우는 전략과 연결되어야 한다. 예를 들어, 수강생 중에서 잠재력 있는 인원을 발굴해 '강사 후보군'에 포함시키고, 이들이 일정 기간 조교나 서브 강사로 활동하며 경험을 쌓게 하는 것이다. 이렇게 하면 조직은 언제든 새로운 강사를 배출할 수 있고, 기존 강사들도 후배를 키우는 과정에서 스스로 더 성장하게 된다.

결국, 강사가 강사를 가르칠 수 있는 시스템 빌드업과 함께하는 문화는 조직의 지속 가능한 성장 엔진이다. 한 명의 스타 강사가 1년간 큰 성과를 내는 것보다, 평균 이상의 강사가 꾸준히 배출되는 구조가 훨씬 강력하다. 그리고 그 구조는 '표준화된 교육 시스템', '강사 양성 과정', '협력과 공유의 문화', '지속적인 개선', '장기 인재 파이프라인'이라는 다섯 가지 축으로 세워진다.

리더라면 반드시 기억해야 한다. 시스템은 하루아침에 완성되지 않는다. 하지만 한 번 제대로 구축하면, 사람과 상황이 바뀌어도 무너지지 않는다. 강사가 강사를 가르칠 수 있는 구조와 문화를 만드는 것이야말로, 교육 조직이 세월을 넘어 성장하는 가장 확실한 방법이다.

동업, 성공인가 실패인가?

"동업은 하지 마라." 창업 전, 누구나 한 번쯤 들어봤을 말이다. 하지만 아이러니하게도 많은 이들이 이 조언을 무시한 채 친구, 연인, 가족, 동기와 함께 창업을 시작한다. 동업은 처음엔 아주 매력적인 선택지로 보인다. 리스크는 나눌 수 있고, 외로움은 덜 수 있다. 의지할 사람이 옆에 있다는 안정감은 창업 초반의 고된 길을 함께 걸어가는 큰 위로가 된다. '같이 하면 두 배 더 빠를 거야.' '나는 마케팅, 넌 운영. 완벽한 조합이잖아.' '어릴 적부터 함께한 친구니까, 믿을 수 있어.' 맞는 말이다. 초기에는 정말 잘 굴러간다. 그런데 문제는 '초기'가 아닌 '성장기'에 발생한다. 관계의 균열은 '성공'이 시작되면서 발생한다. 사업이 잘되기 시작하면 가장 먼저 드는 생각은 "내가 더 많이 했는데?"이다. 수익이 나고, 이름이 알려지고, 대표로서의 무게감이 점점 커지기 시작하면서 서로의 '기여도'에 대한 감정이 복잡해진다. 나는 쉬는 날 없이 센터에 나왔는데, 저 친구는 일찍 퇴근한다. 고객은 내 수업을 받고 왔는데, 수익은 반으로 나눠야 한다니? 결정은 내가 했는데, 왜 모든 공을 같이 가져가야 하지? '서운함'은 결국 '불신'으로 바뀐다. 그리고 그 불신은 생각보다 빠르게 '갈등'으로 이어진다.

나 역시 동업을 했다. 정말 친했던 친구였다. 우리는 비전도 같았고, 스타일도 잘 맞았다. 초반엔 '이보다 더 좋을 수 없다.'는 말을 서로 주고받았다. 하지만 시간이 지나면서 우리는 점점 '일'이 아닌 '사람'을 보기 시작했다. "저 사람은 왜 저런 식으로 하지?" "요즘 좀 소홀한 것 같은데?" 결국 우리는 '대화가 아닌 거리두기'로 모든 갈등을 감당하려 했다. 그러다 한 번에 폭발했고, 결별했다. 가까웠기에 더 깊게 상처를 주고받았다. 그때 나는 깨달았다. 동업은 감정으로 시작해선 안 되고, 시스템으로 유지되어야 한다는 것.

동업을 한다면 반드시 필요한 체크리스트가 있다. 계약서는 '우정의 적'이 아니다. 투자금, 지분, 업무분장, 퇴사 시 처리 방식까지 가능한 모든 변수를 계약서에 명확히 기입하라. 변호사 자문을 받아 계약서를 작성하는 것이 좋다. 계약서가 두꺼울수록 오히려 관계는 건강하게 유지될 가능성이 크다. 공과 사를 철저히 구분하라. 직장에서의 호칭은 친구, 형, 동생이 아니라 팀장, 본부장, 실장 등 공식 직책으로 불러야 한다. 개인적 대화는 근무 시간 외에 진행하라. 모든 중요한 결정은 문서로 남기고, 서면 동의 절차를 거쳐라. 언제든 '한 명이 나갈 수 있음'을 전제로 하라. 퇴사 또는 지분 정리 조항을 계약서에 반드시 포함할 것. 초기엔 생각도 하지 않았던 이별을 대비하는 것은 현명한 경영자의 자세다. 역할과 기여도에 따라 수익을 유동적으로 배분하라. 일률적 5:5 분배는 언젠가 갈등을 낳는다. 매 분기, 혹은 반기에 기여도 평가를 기반으로 수익 분배 구조를 점검하라.

'친하니까…'는 가장 위험한 착각이다. 친구, 가족, 애인과의 동업은 관계 안에 '애매함'을 남긴다. "이건 일로 하는 말이야."가 "쟤가 날 무시하네?"로 바뀌는 순간, 이미 늦었다. "오늘만 대신 좀 나와 줘."가 "맨날 내가 나가고 있네?"로 바뀌는 순간, 틈은 벌어진다. 감정의 틈은 말없이 자라고, 사업이 잘 될수록 그 틈은 더 깊어진다.

동업에서 파국을 맞는 순간, 단지 사업이 끝나는 것이 아니다. 당신은 소중했던 사람을 잃는다. 수십 년의 관계가, '돈'과 '갈등'이라는 이름으로 무너진다. 한 사람은 "저 친구가 나를 배신했다."고 말하고, 다른 한 사람은 "사람을 잘못 봤다."고 말한다. 하지만 진짜 원인은 '미리 정리하지 않은 시작'에 있다.

동업이 '불가능하다.'는 말은 아니다. 나는 지금 동업을 지양하지만, 동업 자체를 부정하는 사람은 아니다. 단지, 성공적인 동업은 신뢰와 계약, 감정과 시스템, 역할과 책임이 완벽하게 설계되어야 가능하다는 것이다. 그 모든 준비가 되어 있다면 동업은 여전히 좋은 선택이 될 수 있다. 당신이 동업을 고민하고 있다면, 지금 당장 '사람'이 아니라 '구조'를 먼저 고민하길 바란다. 친한 친구가 아닌, 신뢰할 수 있는 파트너가 있는가? 서운함 대신 시스템으로 논의할 수 있는 관계인가? 그렇다면 도전해도 좋다. 그렇지 않다면, 혼자서 시작하라. 사업은 감정보다 구조가 앞서야 한다.

피트니스 11년 생존노트

조직의 불협화음은
100% 대표 탓이다

　나는 한때 직원들 사이에 갈등이 생기면 "저 사람들 성격이 안 맞아서 그렇다."라고 생각했다. 서로 티격태격하는 걸 보며 답답해하면서도, 정작 나는 방관자처럼 구경만 했다. 그런데 시간이 지나며 깨달았다. 조직의 불협화음은 결국 100% 대표 탓이라는 걸. 내가 명확한 기준과 방향을 제시하지 않았기 때문에 애매한 상황이 생겼고, 그 빈틈 속에서 오해와 갈등이 커졌다. 한 번은 사소한 인센티브 문제로 팀 분위기가 완전히 무너진 적이 있었는데, 알고 보니 내가 규칙을 애매하게 전달한 탓이었다. 그 사건을 계기로 나는 책임을 남 탓으로 돌리지 않고, 내 리더십을 돌아보기 시작했다. 대표가 중심을 잡고 공정한 원칙을 세우면 갈등은 줄어든다. 반대로 대표가 애매하면 작은 문제도 큰 불협화음으로 번진다. 조직의 분위기를 만든 건 결국 나였다.

　조직 안에서 불협화음이 생긴다면, 나는 주저 없이 이렇게 말한다.

"그건 대표의 잘못이다. 모든 건 대표 탓이다." 많은 대표들이 이 말을 듣고 처음에는 억울해한다. "내가 다 챙길 수도 없고, 직원들끼리 성향이 안 맞는 건 어쩔 수 없지 않나?" 하지만 깊이 들여다보면, 조직 안의 불협화음은 우연히 생기는 것이 아니다. 그것은 결국 대표가 만든 환경, 문화, 시스템의 산물이다.

조직의 분위기와 관계 구조는 저절로 형성되지 않는다. 대표가 어떤 가치관을 가지고 경영하는지, 어떤 사람을 채용하는지, 갈등이 생겼을 때 어떻게 대응하는지에 따라 달라진다. 직원 간의 갈등이 장기화되거나, 서로 불신하는 분위기가 만들어졌다면, 그건 대표가 문제를 방치했거나, 애초에 문제의 씨앗이 될 만한 요소를 걸러내지 못했기 때문이다.

첫째, 채용 단계에서의 책임이다. 조직의 불협화음은 대부분 채용에서 시작된다. 아무리 뛰어난 능력을 가진 사람이라도, 성향이나 가치관이 맞지 않으면 조직 안에서 마찰을 일으킨다. 그럼에도 단기 성과나 경력만 보고 채용했다면, 그것은 대표의 선택이 만든 결과다. 사람을 잘못 뽑아 놓고, 나중에 그 사람이 팀 분위기를 해친다고 불평하는 건 무책임한 일이다.

둘째, 명확한 기준과 규칙의 부재다. 불협화음이 생기는 조직에는 공통적으로 '애매함'이 많다. 역할과 책임이 명확하지 않거나, 규칙이 상황마다 달라지고, 누구는 되고 누구는 안 되는 이중 잣대가 존재한다. 이런 환경에서는 직원들이 서로를 신뢰하기 어렵고, 불만이 쌓이기 마련이다. 이런 애매함을 방치하는 것은 결국 대표의 관리 부재다.

셋째, 갈등 관리의 실패다. 갈등이 생기는 것은 당연하다. 문제는 갈등이 생겼을 때 대표가 어떻게 대응하느냐다. 어떤 대표는 불편한 상황을 피하려고 모른 척하거나, 문제를 대충 덮어버린다. 그러나 갈등은 시간이 지나면 저절로 해결되지 않는다. 오히려 더 깊게 뿌리내리고, 조직 전체로 번진다. 갈등이 장기화됐다면, 그것은 대표가 조기에 개입하지 않았다는 증거다.

넷째, 문화와 가치관의 부재다. 건강한 조직은 구성원 모두가 공유하는 명확한 가치관과 행동 기준이 있다. 그러나 대표가 이를 정립하지 않으면, 각자 자기 기준으로 행동하게 된다. 누군가는 개인 성과만 중시하고, 누군가는 팀워크를 중시하며, 또 누군가는 시간과 규율을 대충 여긴다. 이렇게 방향이 제각각이면 불협화음이 생길 수밖에 없다. 대표가 문화의 기둥을 세우지 않은 탓이다.

대표가 모든 걸 통제하라는 말이 아니다. 하지만 대표는 최소한 조직 안에서 일어나는 모든 일에 '책임'을 져야 한다. 책임을 진다는 건, 문제가 생겼을 때 "그건 너희 잘못이야."라고 직원 탓을 하는 것이 아니라, "왜 이런 상황이 생겼는지"를 먼저 스스로에게 묻는 것이다. 내가 잘못 뽑았는지, 교육을 소홀히 했는지, 규칙을 명확히 하지 않았는지, 혹은 방치했는지를 살펴야 한다.

이 관점이 중요한 이유는, 대표가 책임을 인정할 때 비로소 문제 해결의 실마리가 생기기 때문이다. 책임을 남에게 돌리는 순간, 대표는 문제를 통제할 힘을 잃는다. 반대로 모든 것을 대표의 책임으로 본다면, 문제를 해결할 수 있는 권한과 주도권이 다시 대표에게 돌아온다.

나는 그래서 이렇게 말한다. 조직에 불협화음이 있다면, 그것은 반드시 대표의 잘못이다. 대표가 사람을 잘못 뽑았거나, 교육을 제대로 하지 않았거나, 규칙을 명확히 세우지 않았거나, 갈등을 방치했거나, 문화를 세우지 않았기 때문이다. 모든 것을 대표 탓으로 돌리면 억울할 수 있다. 하지만 그렇게 생각할 때, 대표는 변명 대신 행동을 선택하게 된다. 그리고 그것이 조직을 다시 건강하게 만드는 유일한 길이다.

결국, 대표의 책임을 인정한다는 건 패배가 아니라 리더십의 시작이다. 불협화음을 없애고 조화를 만드는 힘은 언제나 위에서부터 내려오기 때문이다.

6부

시설과 현장 관리

기구와 인테리어, 그리고 누수

1호점을 오픈했을 당시 나는 멀티운동 브랜드의 기구를 구입했다. 좁은 공간에서 공간 효율성을 최대한 끌어내기 위한 선택이었다. 시간이 지나면서 6호점까지 대부분을 국산장비로 구입하고 있다. 이유는 간단하다. 가성비가 좋고, A/S가 빠르며, 업체 대표가 친절하고 응대가 전문적이기 때문이다.

우리는 흔히 말하는 헬창 중심의 센터가 아닌, 헬스 초보자들을 위한 곳이다.

그래서 기구 선택은 '초보 고객 중심'으로 배치했다.

일반 헬스장처럼 운동 숙련자 위주의 공간이라면 최고급 장비를 고집하는 것이 맞다. 하지만 PT 센터는 다르다. 대부분의 고객이 운동이 처음이고, 재활 및 교정 목적이 많다. 그렇기 때문에 장비의 퀄리티보다 다양한 응용이 가능한 구조, 조작이 쉬운 인터페이스, 기능적 실용성이 훨씬 중요하다. 무엇보다 내가 쓰기 위해서가 아니라, 고객이 쓰기 위해 장비를 구비해야 한다는 것을 잊지 말자. 대표 본인이 운동 취향대로 고가 장비만 구비하는 실수를 하는 경우가 있다. 이는 투자 대비 수익률을 낮추고 사업성을 해치는 길이다. 기억하자. 좋은 기구는 고객이 원하는 기구고, 성공적인 기구 투자는 기존 매출이 안정된 후에도 늦지 않다.

인테리어는 곧 마케팅이다

요즘 고객은 인테리어를 보고 운동센터를 선택한다. 특히 젊은 세대일수록 '운동 공간이 곧 콘텐츠'이기 때문에 밝고 트렌디한 인테리어, 감각적인 조명과 컬러, 셀카를 찍기 좋은 '포토존' 같은 요소가 입소문에 직접적인 영향을 준다. 누군가는 "운동하러 왔지, 인테리어를 보러 온 건 아니잖아?"라고 말할 수 있다. 하지만 중요한 건 고객의 기준이다. 본질은 지키되, 고객의 눈과 니즈를 존중해야 한다. 나이가 들수록 젊은 세대의 흐름을 읽기 어려워지기에 SNS를 통해 트렌드를 학습하고, 인테리어 색감·가구 배치·고객 동선 등은 전문가 의견을 경청하는 것이 좋다.

인테리어 시 반드시 확인할 기본 항목

가장 중요한 것은 신뢰할 수 있는 업체를 고르는 것이다. 상담은 최소 4~5곳 이상 받아 비교하길 권한다. 화려한 언변보다 실제 이행력과 사후 처리 능력이 중요하다. PT 센터 인테리어 경험이 있는 업체, 포트폴리오가 명확한 업체를 선택하고, 무조건 저렴하거나 무조건 비싼 곳을 선택하는 실수는 피해야 한다.

- 사업자등록증 실명 확인
- 신분증/사업자명의 일치 여부 (타인 명의 주의)
- 사업장 위치 확인 - 문제 발생 시 직접 대응 가능
- 대한건설협회 등록 여부/건설수첩 확인
- 석면·폐기물 처리 체계 여부 - 관련 법규 확인
- A/S 계약 및 하자 이행증권 발급 가능 여부
- 계약금·중도금·잔금 지급 명시/중간 추가 비용 방지 조항 포함

이 사항들은 단순 참고가 아니라, 내가 직접 피해를 겪으며 깨달은 최소한의 방어 장치다.

샤워실은 '누수 리스크'를 반드시 고려하라

8개 지점 중 4곳에서 샤워실 누수 문제로 피해를 본 경험이 있다. 흔한 사례는 칸막이 문 미설치로 인한 물샘, 조적 미시공으로 인한 구조적 누수, 방수층 미흡으로 벽체 뒤 습기 발생, 하층 피해로 인한 손해배상+철거+재시공 등이다. 특히 화재보험이나 책임보험이 없으면 전액을 부담해야 한다. 한 지점은 가벽으로 샤워장을 만들었다가 2년 만에 전체 철거했고, 수리비만 2천만 원 이상 들었다. 결국 돈을 버는 것보다

불필요한 지출을 막는 게 더 중요하다는 교훈을 얻었다.

대표가 반드시 알아야 할 보험의 중요성

센터를 오픈한다면 화재보험, 누수보상특약, 책임배상보험은 필수다. 12만 원 아끼려다 수백만수천만 원의 피해를 입을 수 있다. 예방은 비용이 아니라 리스크에 대한 최소한의 대비다.

센터 창업과 운영은 단순히 PT만 잘한다고 되는 일이 아니다. 기구 하나, 인테리어 하나, 누수 하나가 당신의 시간·에너지·돈을 순식간에 삼킬 수 있다. 무조건 최고를 추구하기보다, 내 센터의 목적에 맞는 효율적인 선택을 하길 바란다. 누수와 인테리어 문제는 사소한 문제가 아닌, 고객 만족도와 사업 존폐를 좌우할 수 있는 핵심 사안임을 잊지 말자.

정리하자면 헬스장 인테리어를 진행할 때는 반드시 포트폴리오가 있는 업체를 선택해야 한다. 단순히 견적이 저렴하다고 계약했다가 경험 없는 업체와 일하면 하자 발생은 물론, 공사 기간 지연과 추가 비용까지 감당해야 한다. 실제 운영 사례가 있는 포트폴리오를 확인해야만 원하는 콘셉트와 기능을 제대로 구현할 수 있다. 특히 샤워실은 반드시 조적 시공으로 해야 한다. 방수 시공이 제대로 되지 않으면 누수 문제가 발생해 아래층과 분쟁으로 이어지고, 이는 결국 수천만 원의 손해로 돌아온다. 또한 운영 안정성을 위해 보험 3종 세트, 즉 화재보험, 누수보험, 책임배상보험은 필수다. 예기치 못한 사고는 언제든 발생할 수 있고, 그 피해는 대표가 전부 떠안게 된다. 결국 인테리어, 시설, 보험까지 꼼꼼히 준비하는 것이 안정적인 운영의 첫걸음이다.

인테리어 기구 설치 시
옆에 '딱'

　인테리어와 기구 설치는 피트니스 창업에서 결코 가볍게 넘길 일이 아니다. 많은 창업자들이 전문가에게 맡기면 된다고 생각하지만, 이는 창업을 경험해 보지 않은 사람들의 이야기다. 실제로 센터 인테리어 공사나 기구 설치 시 대표가 현장에서 '딱' 붙어 있는 것은 수많은 문제를 사전에 방지하고, 수백만 원에서 수천만 원의 손해를 줄이는 중요한 역할을 한다. 나 역시 1호점 오픈 당시 모든 것을 인테리어 업체에 맡겼다가 완공된 센터가 내가 구상한 레이아웃과 전혀 다르고, 공간 활용이 엉망이며, 기구 간 간격 부족, 전기 배선 미비, 벽 마감 불량, 환기 시스템 약화 등의 문제를 겪었다. 그 경험 후, 나는 철거부터 방수, 타일, 도장, 전기, 설비, 기구 배치까지 모든 과정을 직접 눈으로 확인하고 판단해왔다. 현장에 있다는 것은 먼지를 뒤집어쓰고 하루 종일 노동을 한다는 의미가 아니라, 인테리어 흐름과 일정, 구조, 동선, 자재 상태를 직접 점검하는 것이다. 한 번 공사하면 수정이 어렵고, 하자가 발생하면 수리 비용은 두세 배가 되며, 인테리어는 단순한 공간 꾸밈이 아니라 고객의 첫인상과 체류 시간을 좌우하는 중요한 마케팅 요소다. 기구 설치도 마찬가지로 단순 배치가 아닌 이용 인원, 동선, 안정성, 미관, 심리적 요인을 고려해야 하며, 이는 현장에서 직접 봐야만 판단 가능하다. 설치 당일에는 거울 부착 불량, 바닥 수평 문제, 스쿼트랙 흔들림 같은 변수가 발생할 수 있고, 대표가 없으면 즉각적인 해결이 어렵다. 또한 업체가 공사 중 추가 비용을 요구하거나 자재를 변경하려는 상황도 대표가 현장에 있으면 상당

부분 차단할 수 있다. 결국 인테리어와 기구 설치는 매장의 뼈대를 만드는 작업으로, 여기서 하자가 생기면 고객 이탈과 부정적 평판으로 이어진다. 센터의 성공과 실패는 공사 현장에서 이미 결정된다. 그러니 인테리어와 기구 설치 시 대표는 반드시 옆에 '딱' 붙어 있어야 한다.

인테리어 콘셉트는 '이렇게'

인테리어 콘셉트는 시대와 트렌드의 흐름에 따라 끊임없이 변화한다. 불과 10여 년 전만 해도 헬스장의 표준적인 인테리어는 검정 천장, 검정 바닥, 그리고 최소한의 조명과 장식이었다. 어두운 톤은 운동에 집중할 수 있다는 심리적 효과를 제공했고, 시공 비용도 상대적으로 저렴했기 때문에 창업 초기에는 가장 무난한 선택이었다. 당시 헬스장에 오는 고객들의 기대치도 지금처럼 높지 않았다. 그들은 좋은 기구와 합리적인 가격, 그리고 기본적인 청결 상태만 보장된다면 만족했다. 그러나 세월이 흐르면서 사람들의 눈높이는 눈에 띄게 높아졌다. 운동 공간은 단순한 근력 향상과 다이어트 목적의 장소에서 벗어나, 개인의 라이프스타일과 정체성을 드러내는 공간으로 자리매김하기 시작했다. 이제 고객들은 운동을 하면서도 공간에서 받는 감각적 경험을 중시한다.

이러한 변화는 인테리어 방향성에도 큰 영향을 미쳤다.

최근 헬스장 인테리어 트렌드는 '화려함과 고급스러움'이다. 고급 호텔 라운지를 연상시키는 로비, 세련된 조명과 컬러 톤을 기반으로 한 기구 배치, 인스타그램 포토존 역할을 하는 포인트 월, 그리고 카페 같은 휴게 공간이 자연스럽게 포함된다. 고객이 문을 열고 들어서는 순간부터 '운동하러 왔다.'는 느낌보다 '좋은 경험을 하러 왔다.'는 인상을 주는 것이 핵심이다. 이러한 변화를 이끄는 배경에는 '경험 소비'라는 사회적 흐름이 있다. 현대 소비자는 제품이나 서비스 자체보다 그것을 이용하며 느끼는 분위기, 감성, 그리고 SNS에 공유할 수 있는 시각적 요소를 더 중시한다. 즉, 헬스장의 인테리어가 고객의 선택 기준이 된 것이다.

SNS와 유튜브 등 영상 플랫폼의 대중화는 이러한 변화를 가속화했다. 고객들은 운동하는 모습을 촬영하거나, 공간 자체를 배경으로 사진과 영상을 찍어 온라인에 올린다. 이는 헬스장 입장에서 무료이면서도 강력한 홍보 수단이 된다. 따라서 인테리어는 단순히 '보기 좋게 꾸미는 것'을 넘어, 고객이 자발적으로 홍보하게 만드는 마케팅 도구로 발전했다. 이를 위해 많은 헬스장이 전문 인테리어 디자이너를 기용해 색채 계획부터 조명 설계, 공간 동선, 소재 선택까지 세밀하게 조율한다.

바닥재도 과거와는 확연히 다르다. 예전에는 내구성과 충격 흡수 기능이 전부였다면, 이제는 디자인과 촉감까지 고려한다. 마감재는 단순 PVC나 고무 매트에서 벗어나, 색감을 주거나 패턴을 넣어 시각적 즐거움을 더한다. 천장 색상 역시 변화했다. 과거에는 무조건 어두운 색으로 통일해 시공했지만, 최근에는 화이트나 우드 톤으로 개방감을 주고, 일부 구역에는 블랙이나 네이비로 포인트를 주는 식이다. 조명 또한 단순히 밝고 어두움을 조절하는 수준에서 벗어나, 운동 강도와 분위기에 맞춰 색온도를 바꾸거나 특정 구역을 강조하는 기능을 갖춘다. 예를 들어, 유산소 존은 밝고 상쾌한 톤으로, 프리웨이트 존은 집중할 수 있는 다소 어두운 톤으로 연출하는 식이다.

이러한 변화는 단순히 멋을 내기 위함이 아니다. 첫째, 고객의 체류 시간을 늘린다. 사람이 오래 머물고 싶은 공간은 자연스럽게 재방문율을 높인다. 둘째, 가격 정책에 긍정적인 영향을 미친다. 인테리어가 세련되고 고급스럽다면 월 회비나 PT 단가를 높여도 고객은 '가치 있는 투자'라고 판단한다. 즉, 인테리어 업그레이드는 비용이 아니라 장기적인 투자다. 셋째, 경쟁 우위를 만든다. 헬스장 시장은 기구와 프로그램만으로는 차별화하기 어렵다. 하지만 공간의 분위기와 디자인은 쉽게 복제할 수 없는 요소이기에 강력한 경쟁력이 된다.

또한, 고급스러운 인테리어는 브랜드 충성도를 높인다. 고객이 단순히 운동을 하러 오는 것이 아니라, 그 공간에서 시간을 보내고 싶은 마음이 생기면, 다른 헬스장으로 이탈할 가능성이 줄어든다. 이는 장기 회원 유지와 추천 고객 유입으로 이어진다. 결국, 인테리어는 브랜딩·마케팅·매출 상승이 모두 연결되는 핵심 요소다.

따라서 대표라면 예전의 '검정 천장, 검정 바닥' 공식을 과감히 버려야 한다. 지금은 변화하는 시장과 소비자 감각에 맞춰, 고급스럽고 화려하며, 동시에 기능적으로도 뛰어난 공간을 만들어야 한다. 그것이 단순히 유행을 따르는 것이 아니라, 헬스장이라는 사업의 본질적 경쟁력을 강화하는 길이다. 시설이 점점 업그레이드되는 이유는 명확하다. 고객의 눈과 마음을 사로잡는 공간만이 선택받고, 살아남으며, 더 큰 성장을 이룰 수 있기 때문이다.

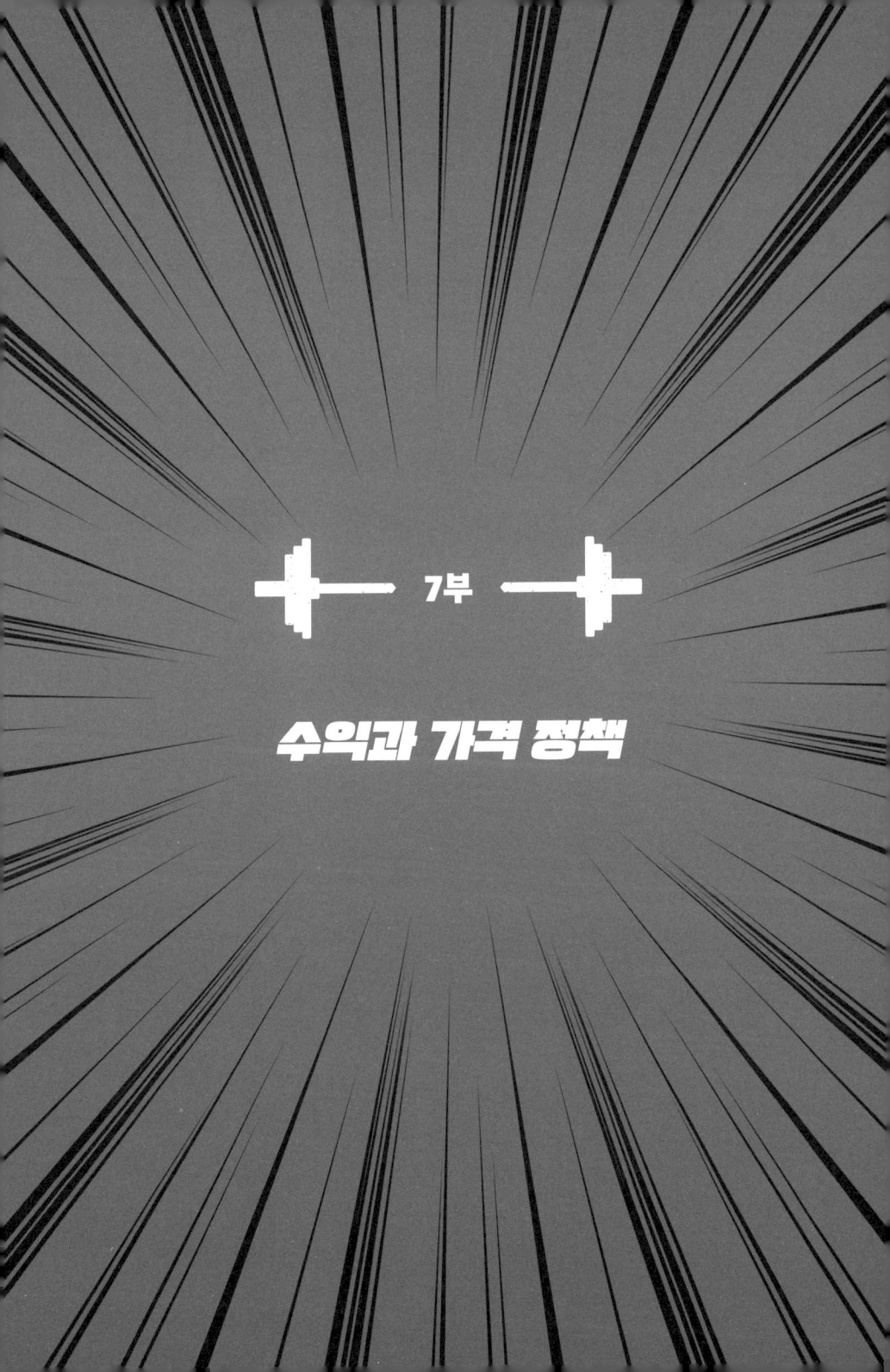

7부

수익과 가격 정책

[레슨 단가를
낮추지 않는 이유]

　10년간 레슨 단가를 유지 또는 상향조정했다. 레슨 단가를 낮추는 결정은 겉보기에는 빠른 유입을 위한 좋은 전략처럼 보일 수 있지만, 실제 운영 현장에서는 지속 가능성을 해치는 가장 빠른 길이 될 수 있다. 낮은 단가는 고급화의 종말을 의미한다. PT 센터는 대형 프랜차이즈처럼 대량 공급을 기반으로 한 박리다매 모델이 아니며, 낮은 단가 전략으로 성공하려면 엄청난 회원 수와 높은 트래픽을 전제로 해야 한다. 그러나 PT 센터의 본질은 밀착형 프리미엄 교육 서비스다. 단가를 낮추면 자연스럽게 트레이너 단가도 낮아지고 장기적인 교육 품질 저하로 이어진다. 고객 입장에서도 한 번 낮은 단가로 등록하면 이후 가격 인상에 대한 심리적 저항이 커지고, 할인은 습관이 되어 가격은 올리기 어려운 고정값이 된다.

　단가할인은 영업의 마지막 카드여야 한다. 수많은 피트니스 센터가 단가를 무기로 경쟁에 뛰어들었다가 수익 구조가 무너져 폐업하는 사례는 흔하다. 단가를 낮춰야 한다면 반드시 전략적이어야 하며, 단기 이벤트성 할인, 기간 한정, 선착순 제한, 분명한 마케팅 목적 등 조건이 갖춰져야 한다. 단가는 브랜드 가치와 직결되며, 브랜드 이미지가 "저렴한 곳"으로 자리 잡으면 가성비만 보는 고객만 남고 가치를 보는 고객은 떠난다. 낮은 단가는 대표의 이익뿐 아니라 직원의 수익 구조도 흔들리게 하고, 동일한 시간과 노력을 투자해도 주변보다 낮은 페이를 받으면 트레이너의 만족도와 충성도가 떨어진다. 대표라면 직원보다 최소 두 배 이상의 가치를 설계해야 하며, 대표 단가는 센터 수준의 상징이므로 절대 낮추지 말아야 한다. 이를 위해 대표는 교육, 실력, 포지셔닝을 지속적으로 발전시켜야 한다.

낮은 단가는 고객 인식에도 함정을 만든다. 단가가 낮다는 사실만으로도 실력 부족, 회원 부재, 가격 변동 가능성 등 부정적인 인식을 줄 수 있다. '저렴한 곳=실력 부족=비전 없음'이라는 인식이 퍼지면, 아무리 좋은 콘텐츠를 제공해도 전환에는 오랜 시간이 걸린다. 실제로 필자는 과거 골프 레슨에서 단가 차별을 경험했는데, 이는 단순한 가격 문제가 아니라 센터 전체에 대한 신뢰 상실로 이어졌다. 단가는 곧 신뢰이므로, 할인 시에도 공개적이고 명확한 조건과 기간, 인원을 설정해야 한다. 고객 간 단가 차별이 소문으로 퍼지면 신뢰와 이미지는 한순간에 무너진다.

또한 2024년부터 헬스 및 PT 센터는 홈페이지를 통한 가격 게시 의무화가 적용되었고, 가격과 구매 방법 자체가 마케팅이 되었다. 결제가 편리하지 않으면 구매 의사가 꺾일 수 있으므로, 스마트 스토어나 온라인 결제 페이지를 구축하고, 모바일 최적화 및 카카오페이·네이버페이·카드결제·할부지원 등 옵션을 마련해야 한다. 특히 고가 PT 패키지 결제 시 할부 옵션은 부담을 줄이는 데 효과적이다. 모든 고객에게 동일한 가격 정책을 적용하고, 할인·이벤트는 공지된 채널에서만 운영해야 하며, 즉흥적인 할인이나 친구 소개 할인은 "누구는 싸게 다닌다."는 구전으로 이어져 신뢰를 해칠 수 있다.

결국 단가를 유지할 수 있는 힘은 실력에서 나온다. 실력을 키우고, 고객 경험을 개선하며, 정체성을 명확히 해야 고객이 "그만한 가치가 있다."고 느낀다. 단가는 숫자가 아니라 브랜드 가치이며, 고객은 그 속에서 센터의 진심을 읽는다. 따라서 대표의 단가는 반드시 지키고, 단가 인하 시기와 범위는 전략적으로 제한하며, 스마트 결제 시스템은 유입의 관문이자 동일한 단가 정책은 신뢰의 기반이 되어야 한다. 트레이너의 가치는 단가로부터 보호되어야 한다.

레슨 단가와 회원권 가격을 지키는 전략

　헬스장 운영에서 레슨 단가와 회원권 가격을 유지하는 것은 단순히 매출을 방어하는 차원이 아니라 브랜드 가치와 시장 포지션을 지키는 핵심 전략이다. 그러나 많은 초보 사장들이 시장 경쟁이나 매출 압박 때문에 단가를 쉽게 낮추고, 결국 출혈 경쟁에 빠지는 실수를 범한다. 이를 피하기 위해서는 구조적으로 가격을 지킬 수 있는 환경을 만드는 것이 먼저다. 우선 월세가 저렴해야 한다. 고정비 중 가장 큰 비중을 차지하는 것이 임대료인데, 아무리 좋은 입지라도 월세가 과도하게 높으면 매출이 조금만 흔들려도 가격을 낮춰서라도 회원을 확보하려는 압박이 생긴다. 이는 장기적으로 단가 하락과 수익성 악화를 불러온다. 창업 단계에서부터 적정 월세를 유지할 수 있는 입지를 선택하는 것이 중요하며, 단순히 유동 인구가 많다는 이유만으로 비싼 상권에 들어가는 것은 위험하다. 고정비가 낮으면 단기적인 회원 감소에도 가격을 방어할 여유가 생기고, 서비스 품질을 유지하는 데 집중할 수 있다.

또한 트레이너 교육이 지속적으로 이루어져야 한다. 가격을 지키는 힘은 결국 가치에서 나온다. 아무리 좋은 시설과 위치를 갖추더라도 트레이너들의 실력과 서비스 수준이 평균 이하라면 고객은 가격을 납득하지 못한다. 정기적인 교육과 피드백, 그리고 프로그램 업데이트를 통해 트레이너들이 시장 평균 이상의 역량을 유지해야 한다. 고객이 느끼는 만족도가 높아질수록 '여기는 그 값을 한다.'라는 인식이 생기고, 이는 단가 방어로 직결된다.

너무 높은 고정비 구조를 피하는 것도 필수다. 고급 장비, 화려한 인테리어, 과도한 인력 배치는 단기적으로는 경쟁력을 높이는 것처럼 보일 수 있으나, 그에 따른 감가상각과 유지비, 인건비가 매달 쌓이면 결국 고정비 압박이 커진다. 고정비가 높으면 회원이 줄었을 때 가격을 낮추는 것이 유일한 선택지가 되기 쉽다. 이는 곧 출혈 경쟁으로 이어지고, 가격 인하에 익숙해진 고객은 다시 정상 가격으로 돌아오지 않는다. 장기적인 운영 안정성을 위해서는 고정비를 적정 수준으로 유지하고, 필요 이상의 과도한 지출을 자제해야 한다.

회원권과 레슨 가격을 낮추지 않기 위해서는 단순히 가격을 지키겠다는 의지보다 그 가격을 유지할 수 있는 구조적 장치가 필요하다. 단기 회원보다 장기 회원 비중을 높여 수익 예측을 안정화하고, 비수기에도 꾸준히 회원을 유지할 수 있는 프로그램을 운영해야 한다. 회원이 단순 시설 이용이 아니라 서비스와 경험에 가치를 느끼도록 하는 것도 중요하다. 개인화된 운동 프로그램, 세심한 회원 관리, 커뮤니티 형성을 통해 가격 이상의 만족감을 제공하면 고객은 가격보다 가치를 기준으로 선택하게 된다.

결국 레슨 단가와 회원권 가격을 지키는 핵심은 저렴한 월세, 지속적인 트레이너 교육, 합리적인 고정비 구조다. 이 세 가지가 안정적으로 유지되면 가격 경쟁 대신 서비스 경쟁에 집중할 수 있고, 그 과정에서 브랜드와 수익성이 함께 성장하게 된다.

레슨 소진율이
중요한 이유

 사업을 운영하다 보면 매출이라는 숫자에만 집중하기 쉽다. 특히 헬스장이나 PT 같은 서비스 업종에서는 월말 매출 총액을 보고 "이번 달은 잘됐다."라고 안도하기 쉽다. 그러나 중요한 것은 그 달에 잡힌 매출이 전부 내 것이 아니라는 사실이다. 회계상으로 잡히는 매출과 실제로 내 손에 남는 돈은 다르다. 그 차이를 이해하지 못하면 운영이 왜곡되고, 수익 구조에 큰 문제가 생길 수 있다.

 헬스장과 PT 업종에서는 회원이 결제한 금액이 곧바로 내 수익이 되는 것이 아니라, 앞으로 제공해야 할 서비스에 대한 '선수금'인 경우가 많다. 예를 들어, 한 회원이 100만 원짜리 PT 20회를 결제했다고 하자. 결제는 이번 달에 이루어졌지만, 실제 수업 소진은 앞으로 2~3개월에 걸쳐 진행된다. 회계상 이번 달 매출에 100만 원이 잡히지만, 실질적으로 이번 달에 제공한 서비스에 해당하는 금액은 그중 일부다. 나머지는 향후 수업을 소진하면서 '수익'으로 인식되는 것이다.

그래서 서비스 소진율이 무엇보다 중요하다. 매출만 높이고 수업 소진을 하지 않는 트레이너는 장기적으로 큰 문제가 된다. 소진이 안 되면 회원 입장에서 '결제만 하고 서비스를 못 받았다.'는 불만이 쌓이고, 이는 환불 요청이나 이탈로 이어질 수 있다. 또한 소진이 밀리면 향후 특정 시점에 수업이 몰려 트레이너 스케줄이 과부하되고, 신규 회원을 받을 여유가 없어져 매출 흐름이 끊긴다.

특히 일부 트레이너는 단기 실적을 높이기 위해 결제를 집중적으로 받지만, 수업 배정이나 진행을 미루는 경우가 있다. 이런 방식은 장기적으로 센터 운영에 독이 된다. 표면적으로는 매출이 좋아 보이지만, 실제로는 부채성 매출이 쌓이는 것이며, 나중에 이를 소진해야 할 때 인력과 시간이 부족해지고 고객 만족도도 떨어진다.

건전한 매출 구조를 위해서는 '매출 목표'뿐 아니라 '소진 목표'도 함께 설정해야 한다. 트레이너별로 월별 소진율을 관리하고, 신규 판매와 기존 수업 소진이 균형을 이루도록 운영해야 한다. 예를 들어, 월 매출 목표를 1,000만 원으로 세웠다면, 그와 동시에 소진 목표를 90% 이상으로 설정하는 식이다. 이렇게 해야 매출이 실제 수익으로 연결되고, 회원 관리 품질도 유지된다.

또한 회원 입장에서는 결제 이후 곧바로 수업이 시작되고, 정해진 주기 안에 소진이 이루어지는 것이 신뢰로 연결된다. 수업 예약과 진행 속도가 빠르고 원활하면, 회원은 재등록을 고민 없이 진행한다. 반대로 결제 후 수업 시작이 지연되거나 소진 속도가 느리면, 다음 결제를 망설이게 된다. 즉, 소진율은 매출의 '품질'을 보여 주는 지표이자, 재구매율과 직결된 핵심 요소다.

결국 헬스장과 PT 사업에서 중요한 것은 단순히 이번 달 매출 총액이 아니라, 그 매출이 실제로 서비스로 소진되어 '진짜 수익'이 되었는지 여부다. 매출을 높이는 것과 동시에 소진율을 관리하는 것이야말로 안정적인 운영과 장기적인 성장의 핵심이다. 소진 없는 매출은 착시 효과일 뿐이며, 이 착시를 방치하면 언젠가 운영의 발목을 잡게 된다. 따라서 트레이너와 경영자는 매출과 소진을 함께 보는 이중 관리 체계를 반드시 가져야 한다.

계산 없는 사업은 도박이다

　사업을 시작하거나 확장할 때, 가장 먼저 해야 할 일 중 하나는 숫자를 명확히 계산하는 것이다. 여기서 숫자란 단순한 매출 목표만을 의미하지 않는다. 투자금액, 고정비, 변동비, 인건비, 그리고 손익분기점까지 모든 재무 구조를 세밀하게 분석해야 한다. 많은 사람들이 사업 아이템과 아이디어에만 집중한 나머지, 이 기본적인 계산을 소홀히 한다. 하지만 이 숫자를 정확히 이해하지 못하면, 사업은 시작하기도 전에 실패의 씨앗을 안고 출발하게 된다.

　먼저 손익분기점(BEP, Break-Even Point)을 명확히 해야 한다. 손익분기점이란, 매출에서 모든 비용을 빼고 남는 금액이 0이 되는 지점이다. 즉, 이 매출 규모를 넘어야 비로소 이익이 발생한다. 예를 들어, 한 달 고정비가 1,000만 원이고, 변동비율이 30%라면, 단순 계산으로 매출이 약 1,430만 원은 되어야 손익분기에 도달한다. 그런데 많은 초보 사장들은 이 개념을 감으로만 파악하고, 실제 수치를 계산하지 않는다. 그래서 매출이 잘 나와도 "왜 통장에 돈이 안 남지?"라는 혼란에 빠진다.

그 다음은 투자금액의 회수 계획이다. 사업을 시작하며 투입한 금액이 얼마인지, 그 금액을 언제, 어떤 방식으로 회수할 것인지 명확히 계획해야 한다. 초기 투자금에는 인테리어, 장비 구입, 보증금, 마케팅 비용 등 다양한 항목이 포함된다. 문제는, 많은 사장들이 '어차피 오래 하면 다 회수되겠지.'라는 막연한 생각으로 출발한다는 것이다. 그러나 투자금 회수 기간이 길어질수록 사업 리스크는 커진다. 최소한 몇 개월 안에 투자금의 몇 %를 회수할 것인지 구체적으로 목표를 세우고, 매출 구조를 설계해야 한다.

다음으로 급여 계산이 중요하다. 여기에는 대표 본인의 급여도 포함된다. 많은 초보 사장들은 '대표는 나중에 벌면 되지.'라는 생각으로 본인 급여를 책정하지 않는다. 그러나 이는 경영 구조를 왜곡시키는 위험한 발상이다. 대표 급여를 포함해 인건비를 계산해야 사업의 진짜 손익 구조가 드러난다. 직원들의 급여 역시 마찬가지다. 단순히 시세에 맞춰 정하는 것이 아니라, 매출과 손익 구조 안에서 지속 가능하게 지급할 수 있는 수준인지 판단해야 한다.

또한 급여를 책정할 때는 성과 연동 구조를 고려하는 것이 좋다. 고정급만 높이고 성과급을 최소화하면, 직원들이 매출이나 비용 절감에 관심을 갖기 어렵다. 반대로, 기본급과 성과급을 적절히 배분하면, 조직 전체가 같은 목표를 향해 움직인다. 그러나 이때도 기본급이 지나치게 낮으면 인력 이탈이 잦아지고, 교육비와 채용비용이 증가한다. 결국 급여는 '지속 가능한 구조'와 '동기 부여'의 균형이 필요하다.

이 세 가지—손익분기, 투자금액, 급여—를 제대로 계산하지 않으면, 사업은 겉으로는 잘 돌아가는 것처럼 보여도 속은 썩어 들어간다. 매출이 오르고 고객이 늘어도, 실제로는 고정비와 인건비가 매출을 잠식해 버리고, 투자금 회수는 요원해진다. 특히 사업 초기에는 현금 흐름 관리가 생존과 직결된다. 몇 달만 현금이 막혀도 버티기 힘든 것이 현실이다.

따라서 사업을 시작하기 전, 그리고 운영 중에도 주기적으로 이 숫자들을 점검해야 한다. 최소한 매월 재무제표를 검토하고, 실제 매출, 비용, 이익이 계획과 얼마나 차이가 나는지 확인해야 한다. 계획에서 벗어난 부분이 있다면 즉시 원인을 분석하고 조정해야 한다. 손익분기가 멀어지고 있다면, 비용을 줄이거나 매출 구조를 개선해야 하고, 투자금 회수가 지연된다면, 마케팅 전략이나 상품 구성을 재검토해야 한다. 급여 구조가 매출 증가와 연결되지 않는다면, 보상 시스템을 수정해야 한다.

사업은 감이 아니라 숫자로 운영해야 한다. 감은 방향을 잡아주지만, 숫자는 생존을 지켜 준다. 손익분기, 투자금액, 급여—이 세 가지 숫자를 명확히 계산하고 관리하는 것이, 사업의 지속 가능성과 성장 가능성을 결정짓는 핵심이다. 계산 없는 사업은 도박이고, 계산이 정확한 사업은 전략이다. 사업을 하는 사람이라면 반드시 이 차이를 기억해야 한다.

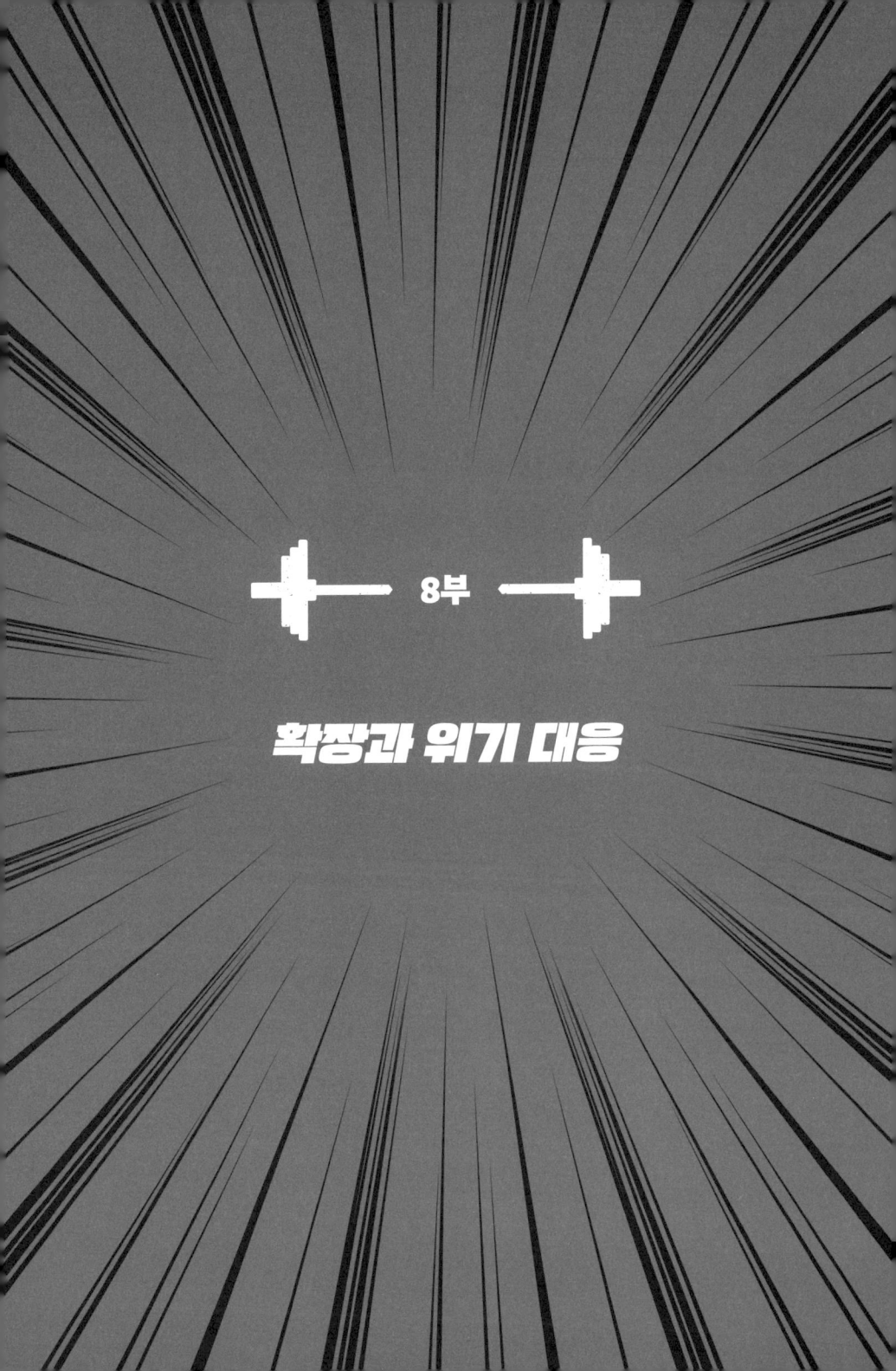

8부

확장과 위기 대응

대표의 다음 스텝

　대표라는 자리는 단지 타이틀이 아니다. 매일의 결정이 회사의 방향이 되고, 나의 언행이 곧 직원들의 기준이 되며, 내가 가는 길이 곧 회사의 내일이 된다. 그렇기에 대표는 언제나 '다음 스텝'을 준비해야 한다. 심리학, 경영학, 그리고 실무 중심의 자기계발서를 꾸준히 읽길 바란다. 결국 사업은 '사람'과 '사람'이 부딪히는 일이다. 사람을 이해하지 못하면 고객의 불만도, 직원의 스트레스도, 시장의 변화도 파악할 수 없다. 고객이 왜 떠나는지, 왜 만족하지 못했는지, 직원이 왜 흔들리는지, 왜 힘들어하는지 그 이면을 읽을 수 없다면 당신은 매번 상황에 끌려다닐 수밖에 없다. 사소해 보이는 언행 하나, 말투 하나, 표정 하나가 쌓이고 쌓여 결국 위기를 만든다. 심리학은 그 틈을 메우는 힘이 된다. 나는 항상 대표는 머리로 운영하고, 가슴으로 설득하며, 몸으로 증명해야 한다고 생각한다. 아무리 내면이 단단하더라도, 몸이 흐트러지면 당신의 사업은 설득력을 잃는다. 몸을 가꾸는 일은 대표의 '자기관리'이자, 센터를 상징하는 '신뢰의 기반'이다. 지금 피트니스 산업은 누가 봐도 레드오션이다. 쉽게 시작하고, 쉽게 무너진다. 그 속에서도 나는 10년을 버텨왔다. 앞으로의 10년은 다르게 준비해야 한다. 그대도 마찬가지다. 포기하지 않는다는 것은 단순히 버틴다는 뜻이 아니다. 포기하지 않는다는 건 어떤 결과가 나오든, 계속해서 개선하고 성장하며 움직이는 것이다. 될 때까지 한다는 마음은 중요하지만 반드시 준비가 된 상태여야 한다. 그 준비에는 시간이 필요하고, 공부가 필요하며, 통찰이 필요하다. 대표의 다음 스텝은 단순한 확장이 아니다. 내가 무엇을 위해 이 사업을 지속할 것인지, 어떤 철학으로, 어떤 방향성을 가지고 갈 것인지, 어떤 문화를 만들고 누구와 함께 걸어갈 것인지에 대해 스스로 답을 갖고 있어야 한다. 대표는 조직 구성원에게 '목표'가 무엇인지 늘 선명하게 제시해야 한다. 당신이 명확한 목표를 세우고 진심을 담아 전달한다면 구성원들은 그 목표를 함께 이뤄가기 위해 열정을 다할 것이다. 목표 없이 운영되는 조직은 쉽게 방향을 잃고 흔들린다. 창업 초기, 오픈빨에 들떠 제대로 된 준비 없이 시작한 대표들을 많이 봤다. 한때 좋은 팀원들을 만나 순항했던 이들도, 결국 대표의 철학이 없고 방향이 모호하면 작은 위기 앞에 무너진다. 특히 언행불일치, 리더십 부족, 실무 이해 없이 욕심만 앞선 인물들이 대표가 되면 그 조직은 결국 내부에서부터 무너지기 시작한다. 단순한 센터 하나의 문제로 끝나지 않는다. 함께 했던 모든 사람들의 시간과 노력이 상처로 남게 된다. 대표는 모든 걸 잘할 수는 없다. 하지만 끊임없이 고민하고 연구할 수는 있다. 직원의 성장, 미래의 설계, 고객의 만족, 브랜드의 가치. 이 모든 것을 복합적으로 고민해야 하는 자리이기에 대표는 돈 이상의 가치를 공유해야 한다. 그 가치는 말로만 전달되는 것이 아니다. 당신의 행동, 결정, 태도에서 직원과 고객은 그것을 읽는다. 내가 이 책을 쓰는 이유도 여기에 있다. 무언가를 알려주고 싶어서라기보다, 내가 걸어온 길을 통해 누군가가 더 멀리, 더 안정적으로 갈 수 있길 바라는 마음이다. 성공의 기준은 사람마다 다를 수 있지만, 대표로서의 '다음 스텝'은 결코 가볍게 결정해서는 안 된다. 이제 당신이 다음 스텝을 고민할 차례다. 그것이 더 큰 센터의 오픈이든, 새로운 브랜드의 런칭이든, 혹은 조직을 지키기 위한 내실의 강화든, 중요한 건 '다음'이라는 개념을 잊지 않고 살아가는 것이다. 늘 새로운 스텝을 생각하고, 성장과 연결된 결정들을 내려야 한다. 포기하지 않고, 그 자리에 머물지 않고, 내일을 준비하는 것. 그것이 진짜 '대표'의 자세다.

다음 스텝의 장애물

　대표의 다음 스텝, 즉 2호점·3호점으로의 확장은 단순히 지점을 늘리는 사업 확장이 아니다. 그것은 대표의 시간, 에너지, 자본, 인맥, 브랜드 파워를 한 번에 시험대에 올려놓는 종합 과제다. 많은 대표들이 "첫 지점이 잘됐으니 다음 지점도 자연스럽게 잘되겠지."라고 생각하지만, 현실은 그렇게 간단하지 않다. 첫 지점에서의 성공 경험이 오히려 방심을 낳고, 가장 중요한 순간에 핵심 인력이 빠져나가며 계획이 무너진다. 여기서 중요한 것은 '다음 스텝을 막는 진짜 이유'를 정확히 이해하고, 그 원인을 구조적으로 차단하는 것이다.

　첫 번째로, 대표가 확장 단계에서 가장 쉽게 빠지는 착각은 사람이 따라올 것이라는 믿음이다. 첫 지점에서 함께 고생하며 성과를 만든 핵심 인력은, 그 지점의 문화와 환경에서 안정감을 느낀다. 그러나 2호점, 3호점이 생기면 그들에게 주어지는 역할과 책임은 달라지고, 업무

강도는 배로 늘어난다. 게다가 대표가 새 지점에 신경을 쓰느라 기존 지점의 관리가 느슨해지면, 핵심 인력은 '대표의 관심이 줄었다.'고 느끼고 동기 부여를 잃는다. 이는 곧 퇴사로 이어지고, 심하면 경쟁업체로 옮기거나 직접 창업해 대표와 경쟁하게 된다.

두 번째로, 대표의 시선 분산이 문제다. 1호점만 운영할 때는 고객, 직원, 시설, 마케팅까지 모든 것을 직접 챙길 수 있었다. 하지만 지점이 늘어나면 모든 것을 세세히 챙기는 것이 불가능해진다. 이때 관리 체계가 없다면, '대표가 안 보이니 이제 대충 해도 된다.'는 무언의 신호가 퍼진다. 핵심 인력일수록 더 많은 권한과 재량을 원하지만, 체계 없는 권한은 갈등을 만든다. 결국 대표가 의도치 않게 사람을 떠나게 만드는 구조를 스스로 만들게 되는 것이다.

세 번째로, 보상과 성장 경로의 부재다. 핵심 인력은 단순히 월급만 보고 남는 것이 아니다. 그들이 회사에 남는 이유는 '여기서 더 성장할 수 있다.'는 확신 때문이다. 2호점, 3호점 확장 시 이들에게 구체적인 커리어 경로와 보상 체계를 제시하지 않으면, 그들은 '대표의 꿈을 위해 내가 희생만 하고 있다.'고 느낀다. 반대로, 지분 투자, 인센티브, 승진 기회 같은 명확한 성장 로드맵을 주면, 확장 과정이 오히려 그들의 동기 부여가 된다.

네 번째로, 문화의 희석이다. 1호점의 성공 비결은 단순히 위치나 가격이 아니라, 그곳에서 형성된 조직 문화와 팀워크일 가능성이 크다. 하지만 새로운 지점이 늘어날수록 이 문화가 약해진다. 대표가 자리에 없을 때도 유지되는 문화, 즉 '시스템화된 가치와 규율'이 없으면, 지점마다 다른 분위기와 기준이 생기고 조직의 결속력이 떨어진다. 핵심 인력은 이러한 변화에 민감하게 반응하며, 자신이 중요하게 생각했던 조직의 색깔이 사라질 때 회사를 떠난다.

다섯 번째로, 확장의 속도다. 너무 빠른 확장은 자본과 인력 모두에 무리를 준다. 대표 스스로도 체력과 정신력이 소진되고, 핵심 인력에게 과도한 업무와 책임을 떠넘기게 된다. '버티면 나아지겠지.'라는 기대와 달리, 이 과정에서 쌓인 피로와 불만은 조직의 신뢰를 무너뜨린다. 확장은 속도가 아니라 완성도가 우선이며, 한 지점을 안정화한 뒤 다음 지점으로 넘어가는 것이 핵심 인력을 지키는 첫걸음이다.

이 모든 문제를 예방하려면 대표는 확장 전에 '핵심 인력 방어 전략'을 세워야 한다. 첫째, 이탈을 막는 보상 구조를 설계해야 한다. 급여 인상, 성과 인센티브, 지분 참여 등 재정적 보상뿐만 아니라, 교육 기회, 권한 위임, 개인 브랜드 성장 지원 같은 비재정적 보상도 필요하다. 둘째, 핵심 인력과의 정기적인 1:1 미팅을 통해 그들의 불만과 목표를 파악하고, 경영 방향에 참여시켜야 한다. 셋째, 대표가 부재 중에도 운영이 원활하게 돌아가는 시스템을 만들어야 한다. 이는 매뉴얼, KPI, 보고 체계, 교육 프로그램 등으로 가능하다.

또한, 대표 스스로 다음 스텝의 심리전을 준비해야 한다. 첫 지점의 성공이 자신감과 자만을 동시에 키울 수 있다는 것을 인식해야 한다. 확장 시에는 매출보다 조직의 결속력과 신뢰도를 먼저 점검해야 한다. "지금 이 인력 구조로 2호점을 내도 1호점이 무너지지 않을까?"라는 질문에 확실히 '문제없다.'고 답할 수 있어야 한다. 그렇지 않다면, 다음 스텝은 잠시 멈추고 조직의 토대를 다지는 것이 맞다.

결국 대표의 다음 스텝을 막는 가장 큰 적은 '외부 환경'이 아니라 내부 붕괴다. 핵심 인력을 지키는 것은 단순한 인사 관리가 아니라, 대표의 비전과 조직의 생존을 지키는 일이다. 확장 전에 반드시 물어야 할 질문은 "내 옆에 있는 이 사람들을 끝까지 함께 데려갈 수 있는가?"다. 그 답이 '예'일 때만 다음 스텝으로 나아가야 한다. 그렇지 않다면, 확장은 성공이 아니라 실패의 시작이 될 수 있다. 대표는 지점을 늘리는 것보다 사람을 지키는 것이 더 어렵다는 사실을 명심해야 한다.

컴플레인 대처 반드시 직접 해야 하는 이유

　사업을 운영하다 보면 피할 수 없는 것이 있다. 바로 '컴플레인'이다. 아무리 완벽하게 준비했다고 해도 사람과 사람이 만나는 공간인 이상, 오해와 실망, 불편함은 언제든 발생할 수 있다. 여기서 대표의 실력이 드러난다. 컴플레인을 어떻게 받아들이고, 어떻게 처리하느냐에 따라 그 조직의 문화, 그리고 대표의 수준이 결정되기 때문이다. 컴플레인은 단순히 '불만을 제기한 고객을 달래는 일'이 아니다. 회사의 본질을 되돌아보고, 시스템을 정비하며, 리더십의 방향을 정립할 수 있는 기회이기도 하다. 그리고 무엇보다 중요한 것은, 대표의 대응 방식 하나가 고객의 인생뿐만 아니라 직원들의 사기를 좌우할 수도 있다는 사실이다. 많은 대표들이 실수하는 부분은 바로 이 지점이다. '억울하다.', '우리는 잘못한 게 없다.'는 생각으로 감정적으로 대응하는 것이다. 하지만 컴플레인이 접수되는 순간, 고객의 감정은 이미 상해 있는 상태다. 그 감정에 논리나 팩트로 맞서는 순간, 불은 기름을 만나 폭발하게 된다. 대표의 언행은 조직 전체의 분위기를 만든다. 컴플레인 하나에 감정적으로 대응한 대표의 태도는, 곧바로 '이곳은 고객을 무시한다.', '대표가 고압적이다.'라는 인식으로 이어진다. 그리고 이는 한 명의 고객 이탈이 아니라, 전체 신뢰도 하락이라는 결과를 낳는다. 또한 요즘은 SNS, 온라인 커뮤니티, 네이버 리뷰 등을 통해 고객 경험이 실시간으로 퍼지는 시대다. 단 한 번의 잘못된 대응이 수많은 잠재 고객을 멀어지게 만든다. 따라서 대표는 직접 책임지는 태도로 정중하고 이성적인 해결 자세를 보여야 하며, 고객은 단단한 시스템 속 신뢰를 느끼게 된다. 특히 고객의 불편함이 진짜 우리 시스템이나 담당자의 실수에서 비롯된 것이라면 빠르게 인정하고, 개선을 약속하며, 결과를 공유하는 것이 가장 이상적이다. 예를 들어 트레이너의 수업 방식이나 태도 문제로 컴플레인이 들어왔을 경우, 무조건 트레이너의 잘못으로 몰아서는 안 된다. 대표는 트레이너를 보호하면서도 동시에 고객의 목소리에 귀를 기울이는 중립자가 되어야 한다. "저희 선생님이 부족해서가 아니라, 이번 상황은 더 나은 방향을 찾을 수 있도록 제가 직접 관리하겠습니다." 이 한마디가 고객과 트레이너 모두를 지키는 힘이 된다. 컴플레인을 제대로 다루는 것은 고객을 위한 일이기도 하지만, 더 본질적으로는 직원들을 위한 일이기도 하다. 트레이너들이 느끼는 대표에 대한 신뢰는 위기 상황에서 드러난다. 문제가 생겼을 때 누구 편에 서는지, 어떻게 소통하고 정리하는지를 지켜보며 '이 조직에 오래 머물 수 있을지'를 판단하게 된다. 문제가 생길 때마다 트레이너를 앞세우고 대표는 뒤에 숨는 모습은 조직에 불신을 심는다. 반대로 대표가 모든 컴플레인을 '내 책임'으로 감싸안고, 그 안에서 개선점을 찾는다면 직원들은 자신이 보호받고 있다는 것을 체감하게 된다. 그리고 그 신뢰는 언젠가 대표가 힘들 때 되돌아오게 된다. 컴플레인을 반복해서 받는다면 그건 단순한 '고객 성향'의 문제가 아니다. 시스템, 소통 구조, 수업 방식, 상담 매뉴얼 등 어딘가 고쳐야 할 곳이 있다는 뜻이다. 진짜 센터 운영을 잘하는 대표는 불편한 피드백을 가장 소중한 정보로 여긴다. '이런 고객은 또 올 수도 있다. 그땐 완벽하게 대응하자.'는 자세로 시스템을 다듬고, 문장을 바꾸고, 접근 방식을 조정해간다. 이런 태도를 지속적으로 유지할 때, 컴플레인은 더 이상 피하고 싶은 일이 아니라 브랜드를 단단하게 만드는 디딤돌이 된다. 당연히 인간적으로는 스트레스를 받을 수 있다. 억울할 수도 있고, 손해를 보는 것 같기도 하다. 하지만 대표는 감정보다 시스템을, 단기 이익보다 장기 신뢰를 봐야 하는 사람이다. "컴플레인을 없애려 하지 말고, 컴플레인을 통해 더 나은 나를 만들어라." 이 문장을 기억하자. 그것이 바로 당신이 평범한 피트니스 센터 대표에서 브랜드를 만드는 경영자로 성장하는 첫걸음이 될 것이다.

반드시 준비해야 할 3가지
세금, 유보금, 급여

많은 사람들이 창업을 준비할 때 창의성, 실력, 열정을 앞세운다. 틀린 말은 아니다. 하지만 사업을 유지하고 성장시키려면 반드시 고려해야 할 것이 있다. 바로 고정지출, 그중에서도 세금과 급여다. 실제로 수많은 대표들이 센터를 연 뒤, 급여일과 세금 납부일이 다가와서야 "이런 것도 있었지…" 하며 허둥대기 마련이다. 창업 전보다 창업 후에 세금과 급여가 무겁게 다가오는 이유는 현실 속 고정 지출이야말로 사업을 살리고도, 망하게도 만들 수 있는 핵심 요소이기 때문이다.

먼저 세금에 대한 마인드부터 정리해야 한다. 많은 사람들이 세금 납부를 '아까운 것', 혹은 '피해야 할 대상'처럼 여기지만, 사실은 그렇지 않다. 세금을 낸다는 것은 곧 센터가 수익을 냈다는 뜻이며, 세금을 적게 낸다면 수익이 적다는 의미이기도 하다. 간이과세자는 1월, 5월에, 일반과세자는 1월, 5월, 7월에 세금을 낸다. 창업 초기에는 간이과세자가 부담이 적지만, 연매출이 일정 금액(현 기준 8,000만 원)을 초과하면 자동으로 일반과세자로 전환된다. 매출이 높아진다면 법인 전환도 고려할 만하다. 법인은 개인과 분리된 인격체로 취급되며, 사업을 투명하고 확장성 있게 운영할 수 있다. 세금을 많이 낸다고 무조건 나쁜 것이 아니며, 세금 신고 내역은 대출, 보조금, 투자 유치 등에서 공신력을 쌓는 기반이 된다.

절세는 탈세가 아닌 합법적인 전략이다. 기구나 인테리어를 구매할 때 부가세 세금계산서를 반드시 챙기고, 경조사비·직원 식대·접대비를 회사 경비로 처리할 수 있다(1인당 20만 원 한도, 증빙 필수). 노란 우산 공제는 폐업이나 퇴직 시를 대비할 수 있는 제도로, 소득공제 혜택까지 받을 수 있다. 이런 습관이 쌓이면 1년, 5년 뒤 큰 차이를 만든다. 급여는 단순히 돈을 지급하는 문제가 아니라 운영 시스템과 신뢰의 기준이다. 초기에는 4대보험·퇴직금·고정급 부담 때문에 프리랜서 구조를 택하는 경우가 많다. 매출이 안정되면 파트타이머 → 정직원 → 관리자 순으로 채용 구조를 확장하되, 급여 기준은 명확히 설정해야 한다. 기본급+커미션, 매출별 인센티브 차등 지급, 성과급과 고정급 비교 후 설계 등의 방식이 있다. 지나친 퍼센트제는 수익 구조를 위협할 수 있으므로 조율이 필요하다. 무엇보다 급여일을 넘기거나 금액을 줄이는 일은 절대 금물이다. 한 번 무너진 신뢰는 회복하기 어렵다.

급여는 '호의'가 아니라 '계약'이다. 친구든 가족이든 함께 일한다면 반드시 문서로 기준을 명확히 해야 한다. 또한 보상은 연차가 아닌 실력과 데이터에 기반해야 한다. 일정 매출 달성 시 직급 승진, 고객 만족도·재등록률·SNS 후기 등 수치 평가, 근무태도와 교육 참여도 같은 인성 평가가 포함되어야 한다. 공정한 기준이 정착되면 파벌이나 편애를 줄이고 조직 문화를 건강하게 유지할 수 있다.

대표가 특정 트레이너와 가까운 관계라는 이유로 특혜를 주면, 조직 분위기는 무너지고 실력 있는 인력이 떠난다. 좋은 대표는 감정이 아닌 공정한 구조를 만든다. 세금과 급여는 사업의 기본이며, 이 기본이 무너지면 아무리 훌륭한 철학과 시스템도 흔들린다. 절세를 센스 있게, 운영은 정직하게, 급여 시스템은 체계적으로 만들어야 한다. 이것이야말로 사업을 지속 가능한 구조로 만드는 핵심이다.

처음 사업을 시작하면 모든 것이 새롭다. 내가 만든 가게, 내가 만든 서비스, 그리고 처음으로 내 손에 들어오는 큰 금액의 매출. 하루하루 매출이 올라갈 때마다 기분은 하늘을 찌른다. 특히 초반에는 지출보다 들어오는 돈이 많으니 통장 잔고가 빠르게 불어나고, '아, 사업이 이렇게 돈이 잘 도는구나.'라는 착각이 생긴다. 하지만 이 행복감은 오래가지 않는다. 첫 번째 부가세 신고 시점이 다가오면, 그동안 모아 뒀다고 생각했던 돈이 순식간에 빠져나가는 경험을 하게 된다. 매출이 많을수록 부가세도 많아지고, 거기에 종합소득세까지 겹치면 통장에 있던 돈은 생각보다 훨씬 빨리 사라진다. 이때부터 많은 대표들이 "왜 이렇게 돈이 없지?"라는 현실과 마주한다.

문제는 대부분의 초보 대표들이 세금을 '그때 가서 내는 것'으로만 생각한다는 점이다. 매출이 발생하면 일정 비율은 당연히 세금으로 나가야 하는데, 이 기본 구조를 이해하지 못하면 사업은 돈 버는 구조가 아니라 돈 까먹는 구조로 전락한다. 예를 들어, 한 달에 매출이 5천만 원이 나오면 '오, 벌었다.'고 생각하기 쉽다. 하지만 부가세 10%로 500만 원, 여기에 경비 처리 후 남은 소득에 대해 종합소득세가 부과된다. 종합소득세는 누진세 구조라, 소득이 높을수록 세율도 높아진다. 경비 처리를 잘못하거나 비용을 과소 신고하면 세금 부담은 눈덩이처럼 불어난다.

이런 상황에서 대표들이 공통적으로 하는 실수가 있다. 매출이 잘 나오면 지출을 늘린다는 것이다. 인테리어를 바꾸거나, 불필요한 장비를 사고, 광고를 과하게 집행한다. 물론 이런 투자가 필요한 경우도 있지만, 세금에 대한 이해 없이 감정에 따라 돈을 쓰면, 세금 폭탄이 떨어질 때 그 충격은 배가 된다. 실제로 1년 차에 벌어들인 수익을 거의 그대로 2년 차 세금으로 토해내는 경우가 비일비재하다. '장사는 잘되는데 통장에 돈이 없다.'는 말이 괜히 나온 게 아니다.

그래서 반드시 필요한 것이 유보금 확보다. 유보금이란 단순히 '남는 돈'이 아니라, 앞으로 발생할 세금, 예상치 못한 지출, 경기 변동에 대비한 안전망이다. 사업을 하다 보면 매출이 좋은 달도 있고, 나쁜 달도 있다. 하지만 세금은 매출이 좋았던 시기를 기준으로 산출된다. 즉, 장사가 잘되던 시기와 세금 납부 시기의 매출 상황이 다르면, 세금은 세금대로 내야 하고, 현재 매출은 낮아서 현금 흐름이 꼬이는 악순환에 빠진다. 유보금이 있으면 이런 상황에서도 버틸 수 있다.

유보금을 만들기 위해선 첫째, 매출이 들어오는 즉시 세금 몫을 따로 떼어놔야 한다. 보통 매출의 10~15% 정도를 별도 계좌에 넣어두는 것이 안전하다. 이 계좌는 세금 납부나 비상 상황 외에는 절대 손대지 않는다. 둘째, 매출이 높을 때도 생활비와 개인 소비를 일정 수준 이상으로 늘리지 않는 습관이 필요하다. 대표의 생활비 과소비는 회사의 유동성을 해치는 가장 빠른 길이다. 셋째, 회계와 세무에 대한 기초 공부를 반드시 해야 한다. 세무사를 두더라도, 대표 본인이 매출 구조와 세금 산출 방식을 이해하고 있어야 한다. 그래야 세무사가 제시하는 전략을 제대로 판단하고 실행할 수 있다.

또한, 세금 절감 전략은 합법적인 범위 안에서 적극적으로 활용해야 한다. 비용 처리를 꼼꼼히 하고, 필요 경비를 빠짐없이 반영하며, 감가상각과 세액공제 제도를 이해하면 같은 매출에도 세금 부담을 줄일 수 있다. 예를 들어, 사업에 필요한 장비를 구입할 때 한 번에 비용 처리할지, 감가상각으로 나눠 처리할지는 세금에 큰 차이를 만든다. 이런 선택은 세무 지식이 있어야 가능하다.

결국, 사업의 본질은 '매출-비용=이익'이라는 단순한 계산으로만 보지 않아야 한다. '이익-세금=실제 내 손에 남는 돈'이라는 공식이 몸에 배어야 한다. 많은 대표들이 매출과 이익만 보고 사업을 키우다가, 세금 구조를 무시한 채 확장해 버리고, 결국 이익이 아닌 손실을 키운다. 사업을 오래, 그리고 안정적으로 이어가고 싶다면, 세금과 유보금을 경영의 핵심 축으로 삼아야 한다.

유보금은 단순히 '비상금'이 아니다. 이는 회사의 생존 기간을 늘려 주는 산소통과 같다. 세금 폭탄, 매출 하락, 경기 침체, 예상치 못한 법적 문제 등 다양한 위험 상황에서 회사를 지켜 주는 마지막 방패다. 사업 초기에 이 개념을 체득하면, 매출이 늘어날수록 더 안정적인 구조를

피트니스 11년 생존노트

만들 수 있다. 반대로, 유보금 없이 무작정 확장하거나 지출을 늘리면, 매출이 늘어도 통장은 비게 된다.

정리하자면, 처음 사업할 때 매출이 잘 나와도 방심하면 안 된다. 부가세와 종합소득세는 반드시 찾아오고, 그 순간이 사업의 진짜 시험대다. 돈 버는 구조로 가고 싶다면, 매출의 일부를 무조건 세금과 유보금으로 확보하고, 세무 지식을 꾸준히 익혀야 한다. 이것이야말로 매출은 물론, 대표의 마음까지 지켜 주는 진짜 사업의 기본기다.

피트니스에서 먹튀가
발생하는 이유

　회계 기준을 제대로 이해하지 못하는 경우가 많기 때문이다. 사업을 시작한 지 일정 기간이 지나면 대표는 자연스럽게 회계의 세계에 발을 들이게 된다. 직원 급여, 카드 매출 정산일, 부가세, 소득세, 법인세 등 다양한 요소를 막연히 생각하고 넘어가다 보면 큰 손해를 볼 수 있다. 특히 PT 센터처럼 선불 매출 구조에서는 이러한 위험이 더 크다. 이때 반드시 알아야 할 것이 바로 '현금주의'와 '발생주의'다.

　현금주의는 실제로 돈이 입금되었을 때 매출로 인식하는 방식이다. 예를 들어 1월 1일에 3개월 PT를 90만 원에 결제했다면, 1월 매출로 전액 잡힌다. 단순하고 직관적이어서 소규모 사업체나 프리랜서가 선호하지만, 실제 서비스 제공량과 매출이 불일치할 수 있다. 이렇게 되면 매출이 과대평가되어 잘못된 경영 판단으로 이어질 수 있다. 나 역시 초기에는 현금주의로만 보고 판단했다가 '센터가 잘되고 있다.'는 착각에 빠져 과도한 확장과 투자를 한 적이 있었다.

반면 발생주의는 수익과 비용을 발생한 시점에 맞춰 인식한다. 같은 사례라면 1월, 2월, 3월에 각각 30만 원씩 매출을 나누어 잡는다. 번거롭지만 사업의 건강 상태를 정확히 파악할 수 있으며, 고객 LTV나 트레이너 생산성을 명확하게 확인할 수 있다. 특히 선불제인 PT 센터에서는 발생주의가 필수다. 그래야 향후 제공해야 할 서비스 원가를 고려한 정확한 수익 계산이 가능하고, 예측 가능한 재무 구조를 만들 수 있다.

지점이 하나이고 대표가 대부분의 수업을 직접 진행하는 초기에는 현금주의로도 충분하다. 그러나 지점과 인원이 늘어나면 발생주의 기반의 시스템이 필요하다. 현금주의는 '돈이 들어왔는가?'만 보지만, 발생주의는 '이 수익이 어떤 활동의 결과인가?', '이 비용이 어떤 미래 가치와 연결되는가?'를 따진다. 이는 단순 회계 방식의 차이가 아니라 경영 철학과 관점의 차이다.

나는 후배 트레이너에게 창업 조언을 할 때 반드시 이 두 개념부터 설명한다. 대부분은 현금주의 개념만 알고 있었고, 실제로는 진행된 수업 기준으로 수익을 나눠 봐야 한다는 말에 공감했다. 나 역시 현금주의 함정에 빠진 경험이 여러 번 있어 지금은 두 방식을 병행한다. 세금 신고나 정산은 현금주의로 하되, 손익 분석과 전략 판단은 발생주의로 한다. 우리 센터는 월말 정산 시에도 트레이너 수업수를 기준으로 발생주의에 맞춰 수익과 급여를 산정한다. 이를 위해 디지털 출결 시스템과 수업 기록 시스템을 구축했고, 각 지점 팀장이 확인하도록 운영하고 있다.

결국 대표는 돈이 언제, 왜 들어왔으며 그만큼의 가치가 제공되고 있는지를 명확히 알아야 한다. 현금주의로 당장의 숫자만 보는 것이 아니라 발생주의로 시야를 길게 가져야 한다. 성공적인 센터 운영은 수익을 늘리고 위험 요소를 줄이며 예측 가능한 경영을 하는 것이다. 이 두 회계 기준은 선택이 아니라 대표가 반드시 이해하고 적용해야 할 전략적 무기다. 복잡하게 느껴진다면 이렇게 기억하자. "들어온 돈은 확인하고, 제공한 서비스는 따로 정리하자.""이달 매출이 전부 내 수익이 아니다." 사고방식을 이렇게 바꾸면 센터는 다음 단계로 나아갈 준비가 된다.

피트니스에서 망하는 6가지 이유

    피트니스에서 망하는 이유는 다양하다. 건강에 대한 관심이 높아지고, 트레이너 출신들이 창업에 뛰어들면서 시장은 커졌지만, 동시에 경쟁도 치열해졌다. 겉으로 보기에는 PT 등록도 잘되고 회원 수도 적지 않아 보이지만 폐업하는 경우가 많다. 한때 활발했던 센터가 어느 날 공실이 되어 있는 것을 보면 씁쓸하다. 그 이유를 실제 경험을 바탕으로 살펴보면 첫째, 단순한 열정만으로 창업에 뛰어든 경우다. 운동 경력과 회원 관리 경험이 있어도 센터 운영은 전혀 다른 문제다. 마케팅, 회계, 인사, 계약, 법률 등 경영 전반의 지식이 필요하지만, PT 실력 하나로만 승부하려다 결국 조직이 무너진다. 둘째, 구조가 아닌 감정으로 사람을 채용하는 경우다. 친한 후배나 지인과 시작하면 편할 수 있으나, 실력이나 책임감이 부족해도 감정적으로 감싸게 되어 부담이 대표에게 돌아온다. 사람은 가족이 아니라 파트너로서 시스템 안에서 채용해야 한다. 셋째, 단가 경쟁에 휘말린 경우다. 레슨 단가를 무분별하게 낮추면 고객 기준이 낮은 가격에 맞춰지고, 한 번 떨어진 단가는 다시 올리기 어렵다. 이로 인해 우수 인력이 떠나고 대표는 수업에만 매달리다 운영이 어려워진다. 넷째, 고정 지출 관리 부족이다. 세금, 급여, 월세, 관리비, 광고비 등 고정비를 잘 관리하면 쉽게 무너지지 않지만, 많은 대표들이 인테리어나 고가 기구 등 취향에 맞춰 과투자해 지출 부담을 키운다. 다섯째, 실력보다 타이틀에 집중하는 경우다. 대표라는 이유로 현장을 등한시하고 블로그, 상담, 직원 교육을 소홀히 하면 조직이 느슨해지고 무너진다. 특히 시스템 없이 확장하면 문제가 커져 본점까지 영향을 미친다. 여섯째, 성장 계획이 없는 경우다. 자리를 잡은 후 유지할지 확장할지를 결정해야 하지만, 많은 경우 변화를 고민하지 않는다. 시장은 계속 변하므로 새로운 콘텐츠와 모델, 운영 시스템이 필요하다. 피트니스 센터는 작은 문제들이 쌓여 서서히 무너진다. 대표가 현장에만 머물거나 너무 일찍 손을 놓으면 위기가 온다. 결국 대표의 실력이 곧 센터의 실력이다. 센터가 무너지지 않으려면 대표가 끊임없이 배우고, 움직이며, 개선하려는 자세를 가져야 한다. 그것이 유일하고 충분한 조건이다.

처음부터 크게
시작하지 마라

　창업을 준비할 때 많은 사람들은 멋진 인테리어, 최신식 기구, 대형 평수, 좋은 상권 등 모든 것을 갖춘 큰 규모로 시작하고 싶어 한다. 하지만 반드시 생각해야 할 것은 '망했을 때를 감당할 수 있는가?'다. 처음부터 크게 시작하면 리스크도 함께 커진다. 50평, 100평, 150평으로 커질수록 초기 자본은 기하급수적으로 늘어나고, 월세, 보증금, 인테리어, 기구, 인건비, 마케팅 비용 등 눈에 보이지 않는 고정비용이 차곡차곡 쌓여 한 달에 수천만 원씩 빠져나간다. 문제는 회원이 그만큼 빠르게 들어오지 않는다는 점이다. 아무리 수업을 잘하고, 센터를 멋지게 꾸며도 매출이 고정비를 따라잡지 못하면 버틸 수 없다. 창업 초기에 가장 무서운 것은 '욕심'이다. '지금 돈을 더 써서 크게 하면 금방 수익이 날 것이다.', '처음부터 대형 센터로 시작해야 고객이 믿는다.'는 생각이 무리한 결정을 부른다. 그러나 현실은 다르다. 큰 센터일수록 마케팅도 더 많이 해야 하고, 인력도 더 필요하며, 그만큼 문제도 많아지고 관리도 어렵다. 특히 초보 창업자는 모든 것을 감당할 준비가 되어 있지 않다. 결국 힘만 쓰다가 한번에 무너지는 경우가 많다. 나 역시 30평 남짓한 공간에서 시작했다. 투박한 인테리어, 중고 기구 몇 개, 나 혼자서 시작한 작은 센터였다. 주변에서 더 큰 평수와 번화한 위치를 추천했지만, 실패해도 감당할 수 있는 범위 안에서 도전하자는 마음으로 시작했다. 처음에는 하루 한두 명 오던 회원이 점점 늘며 매출이 안정되었고, 그제야 확장을 고민할 수 있었다. 작게 시작했기에 운영이 가능했고, 그 안에서 시스템을 만들 수 있었다. 작은 센터에서는 작은 문제를 해결하는 연습을 할 수 있다. 큰 센터에서는 작은 실수가 큰 손실로 이어지지만, 작은 센터에서는 실수를 통해 배우고 다음을 준비할 수 있다. 작게 망하면 다시 시작할 기회가 있지만, 전 재산을 걸고 창업하면 다시 일어설 기회가 없다. 작은 시작은 금전적 손실을 줄이고, 그 안에서 얻은 경험과 네트워크, 인사이트가 다음 창업의 밑거름이 된다. 이는 단순한 금전 문제가 아니라 생존의 문제다. 대부분의 초보 창업자는 사업이 한 번에 성공하지 않는다는 사실을 간과한다. 성공한 사람들은 예외 없이 실패 경험이 있으며, 다시 일어선 경험이 결국 실력이 된다. 작게 시작한다는 건 겁이 많은 것이 아니라 준비가 철저하다는 뜻이다. 큰 센터를 시작하려면 자금뿐 아니라 운영 능력, 마케팅 전략, 인력 관리 등 모든 시스템이 갖춰져야 하는데, 처음부터 이를 다 갖춘 사람은 없다. 작게 시작하면 하나씩 채워 나갈 수 있다. 사람들은 화려한 시작을 꿈꾸지만, 나는 단단한 시작을 권한다. 처음에는 작게, 그러나 오래

가야 한다. 작은 실패는 다시 시작할 수 있지만 큰 실패는 다시 시작조차 어렵다. 한 번에 성공할 수 없지만, 실패하더라도 감당 가능한 선에서 다시 도전할 수 있다면 그것이 진짜 창업자가 되는 길이다.

대기업이 쉽게
들어오지 않는 이유

　대기업이 헬스장 사업에 쉽게 진출하지 않는 이유는 단순히 시장 규모나 수익성의 문제가 아니라, 리스크 관리와 실패 방지 측면에서 매우 까다로운 산업이기 때문이다. 헬스장은 겉보기에는 단순한 회원권 기반의 서비스업 같지만, 실제로는 인적 자원 의존도가 매우 높고, 운영 리스크가 복합적으로 얽혀 있는 구조를 가진다. 첫째, 인력 리스크다. 헬스장의 핵심 서비스는 결국 트레이너와 강사, 그리고 프론트 직원 등 사람을 통해 제공된다. 이들은 단순한 기능직이 아니라 고객 경험의 품질을 결정짓는 핵심 자산이다. 그러나 이직률이 높고, 인력 충원이 어려운 업종 특성상, 일정한 서비스 품질을 지속적으로 유지하는 것이 매우 힘들다. 대기업 입장에서는 표준화가 어렵고, 인력 변동에 따라 브랜드 이미지가 흔들리는 업종에 뛰어드는 것은 큰 리스크다. 둘째, 부동산 리스크다. 헬스장은 대규모 공간이 필요하고, 상권 입지와 임대

조건이 매출에 직결된다. 하지만 상권 변화, 임대료 상승, 건물 구조적 제약 등 외부 변수에 크게 노출된다. 특히 대기업은 장기적 안정성을 중시하기 때문에, 이런 변동성이 큰 부동산 구조는 부담으로 작용한다. 셋째, 설비와 시설 관리 리스크다. 헬스장 기구, 샤워 시설, 공조 시스템, 방수·방음 설비 등은 초기 투자금이 크고, 고장이나 노후화에 따른 유지보수 비용이 상당하다. 설비 불량이나 안전사고는 곧바로 고객 불만과 법적 분쟁으로 이어질 수 있다. 넷째, 수익 구조 리스크다. 헬스장의 매출은 계절성과 경기 변동에 민감하다. 여름이나 연말에는 신규 회원이 늘지만, 장마철이나 경기 침체기에는 해지율이 높아진다. 대기업이 선호하는 '안정적 현금 흐름'과는 거리가 있는 구조다. 다섯째, 브랜드 리스크다. 헬스장은 회원 개인의 건강과 신체 안전을 직접적으로 다루는 서비스이기 때문에, 작은 사고나 불만이 SNS와 커뮤니티를 통해 빠르게 확산된다. 대기업 입장에서 이는 전체 그룹 브랜드에도 부정적인 파급 효과를 미칠 수 있는 민감한 리스크다. 여섯째, 확장성 한계다. 대기업이 사업에 진출할 때는 전국적 또는 글로벌 확장이 가능한 구조를 선호한다. 그러나 헬스장은 입지, 상권, 인력, 설비 등 로컬 특성에 크게 의존하기 때문에 동일한 품질로 대규모 확장을 하는 것이 어렵다. 일곱째, 법적·규제 리스크다. 헬스장은 소비자 분쟁, 환불 규정, 안전관리, 시설 위생, 노동법 등 다양한 규제에 영향을 받는다. 특히 환불·계약 분쟁은 소송으로 이어질 가능성이 높아, 법무 리스크 관리가 필수다. 마지막으로, 사업 철수 리스크다. 헬스장은 초기 인테리어와 설비 투자금이 크고, 이를 회수하기 위해 장기간 운영이 필요하다. 그러나 수익이 기대에 못 미치면 철수 시점에서 대규모 손실이 발생할 수 있다. 대기업 입장에서 이런 '철수 비용이 큰 사업'은 진입 장벽으로 작용한다. 결국 대기업은 리스크를 예측하고 방지하는 체계가 잘 갖춰진 사업, 표준화가 가능하고 안정적인 수익이 보장되는 사업을 선호한다. 반면 헬스장은 사람·공간·시설·브랜드 등 다양한 변수에 따라 성패가 갈리고, 리스크를 통제하기 어렵기 때문에 전략적으로 배제되는 경우가 많다. 그래서 헬스장 산업은 대기업보다 개인 창업자나 전문 프랜차이즈 기업이 주도하는 시장 구조를 유지하고 있다.

10부

조직 문화와 팀 빌딩

조직 문화가 있는
피트니스를 만들다

　조직은 단순히 사람이 모여 있는 공간이 아니다. 각자의 개성과 능력을 가진 구성원들이 함께 성장하고, 또 하나의 공동체로서 방향을 맞추는 생명체다. 그리고 이 생명체의 중심에는 늘 대표가 있다. 나는 늘 이렇게 말한다. "대표의 실력이 곧 조직의 실력이다." 대표가 어떤 생각을 갖고 있느냐, 어떤 경험을 해 왔느냐, 어떤 철학을 가지고 있느냐는 구성원들에게 자연스레 전달되고 조직의 색깔이 된다. 대표가 독서하지 않는 조직은 독서하지 않는 분위기가 형성되고, 대표가 소통하지 않는 조직은 직원들이 마음을 닫는다. 그래서 나는 '내가 달라지면, 회사도 달라진다.'는 사실을 누구보다 먼저 받아들였다. 그리고 아주 작고 소박한 문화부터 시작했다. 가장 먼저 시작한 건 풋살이다. 함께 운동을 하며 땀 흘리는 시간은 단순히 몸을 움직이는 것을 넘어, 서로에 대한 경계를 허무는 시간이 되었다. 운동을 통해 쌓인 신뢰는 업무 중 갈등 상황이 생겨도 훨씬 부드럽게 풀릴 수 있는 바탕이 된다. 팀플레이를 하며 자연스럽게 협업의 감각도 익혀졌다. "일"로 맺어진 관계가 아닌, "사람"으로 만나는 시간. 그게 바로 풋살이 조직에 준 선물이었다. 두 번째로 나는 독서모임을 조직했다. '운동하는 사람은 책을 멀리한다.' 는 편견을 깨기 위함이었다. 매달 한 권의 책을 읽고, 각자의 생각을 나눈다. 책은 대화의 시작점이 되고, 서로의 가치관을 공유할 수 있는 기회가 된다. 업무에서 마주치지 않았던 직원의 깊은 내면을 알게 되기도 하고, 평소 표현이 서툴렀던 직원이 글을 통해 자신의 생각을 정리하는 모습을 보며 감동을 받기도 했다. 생각의 깊이는 곧 실력의 깊이로 이어진다. 우리는 독서를 통해 성장했다. 세 번째는 커피챗이다. 팀원들과의 1:1 대화 시간이다. 사소한 질문 하나, 별 의미 없어 보이는 관심 하나가 그들에게는 큰 위로가 되고, 신뢰가 된다. "요즘 어때요?", "최근에 수업하면서 가장 뿌듯했던 순간은 뭐예요?" 같은 대화 속에서 우리는 각자 무엇을 고민하고, 무엇을 기대하는지 서로 알게 된다. 직원의 작은 성장을 응원하고, 고충을 미리 파악할 수 있는 기회이기도 하다. 커피 한잔 사이로 마음을 나누고, 신뢰가 쌓였다. 또 하나의 축은 리더십 교육이다. 특히 팀원 리더십 교육과 관리자 교육은 내가 가장 공들여 만든 문화 중 하나다. 팀원 리더십 교육에서는 단순히 지시받는 사람이 아니라, 자신의 일을 주도적으로 생각하고 행동할 수 있도록 돕는다. 실무와 마인드셋을 동시에 훈련시키며 트레이너로서만이 아니라 '한 명의 작은 리더'로 성장할 수 있도록 돕는다. 관리자 교육에서는 팀 운영, 구성원 케어, 데이터 관리, 커뮤니케이션까지 조직 전반을 이해하고 조율할 수 있도록 훈련한다. 단순히 '위치'만 관리자가 아니라 진짜 실력으로 이끄는 사람이 될 수 있도록 돕는다. 나는 이 모든 활동이 단순한 이벤트가 아니라 '문화를 만드는 일'이라고 생각한다. 조직의 문화는 하루아침에 만들어지지 않는다. 작지만 꾸준한 실천이 쌓이고, 대표의 태도 하나하나가 기준이 되어 누군가의 습관이 되면서 하나의 공기를 형성하게 된다. 그 문화 속에서 직원들은 성장하고, 서로를 응원하고, 자발적으로 움직인다. 대표가 만들어낸 문화는 결국 구성원이 이어 간다. 그래서 나는 오늘도 고민한다. 어떤 문화를 만들 것인가. 그리고 그 문화를 내가 먼저 실천하고 있는가. 결국 문화는 '말'이 아닌 '행동'으로 완성되는 것이다. 그리고 나는 오늘도 믿는다. 대표의 실력이 곧 조직의 실력이다.

스타 플레이어보다
팀 플레이어 중심

　나는 초창기 스타 플레이어에게만 의존했던 적이 있다. 회원 상담, 매출, 수업까지 혼자 압도적으로 잘하는 트레이너가 있었고, 나는 그 한 사람만 믿고 센터가 굴러갈 거라 생각했다. 하지만 예상치 못한 일이 벌어졌다. 그가 개인 사정으로 갑자기 자리를 비우자, 센터 분위기가 무너지고 매출도 크게 흔들렸다. 그때 깨달았다. 스타 한 명이 조직을 키우는 게 아니라, 팀 전체가 함께 굴러갈 때 안정적인 성장이 가능하다는 걸. 이후 나는 의도적으로 팀 플레이 문화를 만들었다. 성과를 개인이 아닌 팀 단위로 평가하고, 서로의 회원을 공유하며 도와주는 시스템을 만들었다. 놀랍게도 분위기가 바뀌자 회원 만족도와 재등록률이 동시에 올라갔다. 스타는 반짝일 수 있지만, 오래가는 건 팀이다. 대표의 역할은 별을 키우는 게 아니라, 별들이 모여 별자리를 이루게 하는 것이다.

많은 이들이 뛰어난 실력을 가진 스타 플레이어를 원하고, 나 또한 창업 초기에는 그런 사람만 있으면 센터가 금세 성장할 거라 믿었다. 하지만 시간이 지날수록 깨닫게 된다. 스타 플레이어는 조직 전체를 성장시키는 힘이 아니라, 자칫 잘못하면 '분열'을 야기할 수 있는 양날의 검이라는 사실을 말이다. 스타 플레이어는 실력과 퍼포먼스 면에서는 누구보다 우수하다. 하지만 그만큼 개인의 색이 강하고, 본인의 룰과 기준이 뚜렷하다. 이런 유형의 트레이너는 팀 내에서 '독립된 섬'처럼 움직일 가능성이 높다. 결국 고객은 만족할 수 있을지 모르지만, 내부에서는 다른 트레이너들과 비교가 생기고, 괜한 위축이나 갈등을 유발하기도 한다. 스타 한 명의 존재가 팀 전체의 흐름을 무너뜨리는 결과를 종종 경험하게 된다. 그에 반해 팀 플레이어는 다르다. 단지 실력이 중간 정도라는 의미가 아니다. 팀 플레이어는 조직 내 문화와 방향성에 맞춰 자신을 조율할 수 있는 능력을 지닌 사람이다. 함께 일하는 동료들과 협업하며 성장하고, 타인의 성공을 진심으로 응원할 수 있는 마음의 깊이를 가진 사람이다. 그리고 무엇보다 팀의 문화가 성장하는 데 있어 긍정적인 영향을 끼친다. 우리는 피트니스 업이라는 특수한 업종에 있다. PT 센터는 실력도 중요하지만, 사람과 사람 사이의 관계가 핵심이다. 단순한 스킬 하나로 승부를 보기보다, 상담, 교육, 팔로업, 피드백까지 전방위적인 관계 형성이 중요한 업종이다. 팀원 간의 단단한 결속이 없이는 고객의 마음을 움직이기 어렵고, 장기적인 성장도 불가능하다. 스타 플레이어는 보통 성과 위주로 움직인다. 결과는 좋지만, 그 과정에서 조직 문화나 철학과 충돌하는 경우가 많다. 급여나 대우에 대한 불만도 잦고, 자신만의 기준을 조직 전체에 적용하려 하기도 한다. 대표 입장에서 보면 단기적인 매출은 오를 수 있겠지만, 조직의 분위기가 무너지는 것을 지켜봐야 한다. 오히려 팀 플레이어들은 조화롭게 일하고, 조직 전체가 좋은 분위기를 유지할 수 있도록 돕는다. 고객들도 그런 분위기를 느끼고 신뢰하게 된다. 나는 개인적으로 실력이 조금 부족하더라도 팀에 잘 녹아드는 사람을 선호한다. 왜냐하면 실력은 교육으로 올릴 수 있지만, 태도는 가르치기 어렵기 때문이다. 수없이 많은 교육을 진행하며 경험한 결과, 태도가 좋은 사람은 결국 실력도 갖추게 된다. 팀플레이어로서의 자세를 가진 사람은 동료와 함께 성장하며, 서로를 자극하는 건강한 분위기를 만들어낸다. 스타플레이어 중심의 조직은 휘발성이 강하다. 한 명이 빠지면 조직 전체가 흔들린다. 하지만 팀플레이어들이 중심이 된 조직은 한 명이 나가도 시스템이 돌아간다. 이것이 바로 '시스템'의 힘이고, 지속 가능한 조직의 본질이다. 나는 한때 스타 플레이어 한 명에게 의존하다 큰 위기를 맞은 적이 있다. 회원 수의 40%가 해당 트레이너에게 집중되어 있었고, 그가 퇴사한 뒤 센터의 절반이 무너졌다. 그 후로 철저히 팀플레이어 중심으로 운영 전략을 바꾸었고, 지금은 어느 지점에서든 비슷한 운영, 유사한 퀄리티의 수업이 제공될 수 있도록 시스템화했다. 매출은 안정화되었고, 무엇보다 조직 내부의 분위기와 결속력이 눈에 띄게 향상되었다. 팀 중심의 조직은 리더십 교육, 피드백 문화, 독서 모임, 커피챗, 리더 간 워크숍 등을 통해 단단해진다. '혼자 잘하는 사람'이 아닌 '같이 잘하려는 사람'들이 모일 때, 조직은 단단해진다. 그리고 이런 조직은 흔들리지 않는다. 대표는 결과보다는 흐름을 만들어야 한다. 누군가 한 명의 성과에 기대는 조직은 언제든 위기에 직면할 수 있다. 모든 구성원이 자기 자리에서, 자기 역할을 다할 수 있도록, 시스템과 문화로 이끄는 것, 그것이 진짜 대표가 해야 할 일이다. 스타 플레이어는 빛나지만, 팀플레이어가 있어야 전체가 함께 나아간다. 피트니스 센터라는 작은 생태계 안에서, 우리가 오래 살아남기 위해서는 결국 '사람'을 중심에 두고, 스타가 아닌 팀의 가치를 높이는 것, 그것만이 유일한 정답임을 강조하고 싶다.

관리자 교육의 핵심

　나는 처음에 관리자 교육을 단순히 "일 잘하는 법"만 가르치면 된다고 생각했다. 그래서 매출 관리, 회원 관리 같은 기술적인 부분에만 집중했다. 하지만 시간이 지나며 이상한 현상을 봤다. 숫자는 잘 맞추는데 팀 분위기가 자꾸 무너지는 것이다. 그 이유는 간단했다. 관리자가 '사람을 다루는 법'을 배우지 못했기 때문이다. 그때 깨달았다. 관리자 교육의 핵심은 기술이 아니라 사람을 이해하는 능력이라는 걸. 그래서 나는 교육 방향을 바꿨다. 팀원과의 소통, 칭찬과 피드백, 갈등 조정법을 강조했다. 실제로 한 관리자가 이 방식을 적용하자 팀 성과가 단숨에 좋아졌다. 숫자는 뒤따라온 결과였다. 관리자 교육은 엑셀이나 매출표를 가르치는 게 아니다. 사람 마음을 읽고 움직이게 만드는 힘, 그게 진짜 핵심이었다.

　관리자는 단순히 업무 지시를 내리는 사람이 아니라, 목표를 제시하고 방향을 잡아 주며, 구성원이 스스로 성장할 수 있도록 돕는 리더여야 한다. 이를 위해 첫째, 명확한 목표 설정이 필요하다. 관리자는 팀이 나아가야 할 방향과 단기·중기·장기 목표를 구체적으로 제시하고, 그 목표가 조직의 비전과 어떻게 연결되는지를 이해시켜야 한다. 목표가 불분명하면 구성원들은 방향을 잃고, 그 결과 성과도 흩어진다. 둘째, 커뮤니케이션 능력이다. 관리자는 업무 지시와 피드백을 명확하고 구체적으로 전달해야 하며, 일방적인 지시가 아니라 쌍방향 소통을 통해 구성원이 의견을 낼 수 있는 환경을 만들어야 한다. 이를 위해 경청의 태도와 공감 능력이 필수적이다. 셋째, 문제 해결 능력이다. 현장에서 발생하는 문제는 대부분 예상치 못한 상황에서 나온다. 관리자는 감정적으로 반응하기보다 문제의 원인을 분석하고, 실행 가능한 대안을 빠르게 제시할 수 있어야 한다. 넷째, 성과 관리다. 관리자는 단순히 결과를 평가하는 사람이 아니라, 과정을 함께 모니터링하며 개선점을 찾는 역할을 해야 한다. 목표 대비 진행 상황을 주기적으로 점검하고, 필요하다면 업무 방식을 조정해야 한다. 다섯째, 인재 육성이다. 관리자는 팀원 개개인의 강점과 약점을 파악하고, 성장할 수 있는 기회를 제공해야 한다. 교육, 멘토링, 코칭 등을 통해 구성원의 역량을 끌어올리면 팀 전체의 경쟁력이 강화된다. 여섯째, 동기 부여다. 성과에 따라 적절한 보상과 인정이 주어져야 하며, 구성원이 스스로 목표를 향해 움직이도록 내적 동기를 자극하는 환경을 만들어야 한다. 일곱째, 조직 문화 형성이다. 관리자는 팀의 분위기와 문화를 주도하는 위치에 있다. 신뢰와 존중, 협력이 바탕이 되는 문화를 조성해야 구성원들이 자발적으로 협력하고 시너지를 낼 수 있다. 여덟째, 변화 대응력이다. 시장 환경과 고객의 요구는 끊임없이 변한다. 관리자는 변화에 대한 두려움을 줄이고, 유연하게 대응할 수 있는 마인드를 팀에 전파해야 한다. 이를 위해 새로운 기술과 트렌드에 관심을 가지고, 이를 업무에 적용할 방법을 찾아야 한다. 아홉째, 자기 관리다. 관리자가 스스로의 시간, 감정, 건강을 관리하지 못하면 장기적으로 팀에 부정적인 영향을 끼친다. 좋은 관리자는 모범적인 행동으로 팀에 긍정적인 영향을 주며, 스스로를 발전시키기 위해 지속적으로 배우고 도전한다. 마지막으로, 관리자는 권한과 책임을 균형 있게 다루어야 한다. 권한을 위임하되, 결과에 대한 책임을 회피하지 않는 태도가 필요하다. 관리자 교육의 목적은 단순히 관리 기술을 익히는 것이 아니라, 리더로서의 철학과 태도를 확립하는 것이다. 교육에서 배운 내용을 현장에 적용하고, 실행 과정에서 피드백을 반영하며 지속적으로 개선하는 습관을 갖는다면, 관리자는 조직의 핵심 자산으로 자리 잡게 된다. 결국 관리자의 성장은 곧 조직의 성장으로 이어진다.

위기에서 빛나는 사람

　나는 위기를 겪을 때마다 진짜 사람이 보였다. 평소엔 조용하고 특별히 눈에 띄지 않던 직원이, 위기 상황에선 가장 먼저 나서서 문제를 해결하곤 했다. 한 번은 센터 누수가 심하게 터져 모두가 당황했을 때였다. 다들 우왕좌왕하는데, 한 트레이너가 앞장서 양동이를 나르고, 회원들에게 침착하게 안내까지 했다. 그 모습을 본 순간, '이 사람이 조직의 진짜 힘이구나.'라는 걸 느꼈다. 위기에서 빛나는 사람은 화려한 말이나 스펙으로 증명되지 않는다. 평소에 성실하게 쌓아온 태도와 책임감이 위기 때 드러나는 것이다. 그래서 나는 항상 직원들을 볼 때 위기 속 행동을 중요하게 본다. 위기에서 빛나는 사람 한 명이 조직 전체를 살리고, 그 순간의 신뢰가 평생 간다. 결국 위기는 사람을 시험하는 무대이자, 진짜 리더가 탄생하는 순간이다.

　조직이 성장하고 지속적으로 경쟁력을 유지하기 위해서는 수많은 요소가 필요하다. 자본, 시스템, 마케팅, 경영 전략이 중요하다. 그러나 그 모든 것을 움직이고 실행에 옮기는 것은 결국 '사람'이다. 특히 그중에서도 가장 값진 자산은 문제 해결력이 높은 핵심 인재다. 기술과 정보가 빠르게 변하는 시대에, 단순히 지시를 잘 따르는 사람보다 예기치 못한 상황에서도 해법을 찾고 실행할 수 있는 사람이야말로 조직의 미래를 결정한다.

　문제 해결력이 높은 인재는 단순히 똑똑한 사람이 아니다. 그들은 문제 앞에서 멈추지 않는다. 대부분의 사람들은 문제가 생기면 당황하거나, 책임을 회피하거나, 변명부터 찾는다. 그러나 이들은 문제를 정확히 정의하고, 원인을 분석하며, 실행 가능한 대안을 만들어낸다. 더 나아가 그 과정에서 다른 사람을 설득하고 협력해 해결책을 실현시킨다. 이런 능력은 책에서 배울 수 있는 지식이나 단순한 경력보다 훨씬 큰 가치를 가진다.

　이런 인재를 찾으려면, 표면적인 스펙이나 이력서만 봐서는 안 된다. 학력이나 자격증은 출발점일 뿐이다. 중요한 것은 그 사람이 실제로 문제 상황에서 어떻게 행동했는지다. 과거의 프로젝트 경험, 위기 상황에서의 대처, 실패 이후의 회복 과정 등 구체적인 사례를 통해 문제 해결 패턴을 파악해야 한다. 면접에서는 단순한 직무 질문보다 실제 상황을 가정하고, 그 문제를 어떻게 풀어갈지를 묻는 것이 효과적이다. 예를 들어, "고객 불만이 한 번에 10건 이상 접수된 상황에서 당신은 어떤 순서로 무엇을 하겠습니까?" 같은 질문이 그렇다.

문제 해결력이 높은 인재는 몇 가지 공통적인 특징이 있다. 첫째, 관찰력과 분석력이 뛰어나다. 문제를 단편적으로 보지 않고, 그 뒤에 숨은 원인을 파악한다. 둘째, 창의성과 유연성을 가지고 있다. 기존의 방식에 얽매이지 않고, 새로운 방법을 시도할 용기를 가진다. 셋째, 의사소통 능력이 뛰어나 주변 사람들과 협력하며 문제를 풀어간다. 마지막으로, 책임감이 강하다. 결과에 대해 끝까지 책임지고, 문제 해결 과정을 통해 더 나은 시스템을 만든다.

이런 인재는 조직 내에서 단순히 '일을 잘하는 사람' 그 이상이다. 위기 상황에서 그들의 존재는 조직의 안정판이 된다. 갑작스러운 시장 변화, 내부의 큰 실수, 주요 인력의 이탈 같은 상황이 벌어질 때, 문제 해결력이 높은 사람은 리더보다 먼저 움직여 상황을 수습하고, 피해를 최소화하며, 재발 방지책까지 마련한다. 그들의 한 번의 결정과 실행이 수억 원의 손실을 막기도 하고, 회사의 평판을 지키기도 한다.

그러나 이런 인재를 찾는 것만큼이나 중요한 것이 그들을 유지하고 성장시키는 것이다. 문제 해결력은 경험을 통해 더욱 강화된다. 따라서 이들에게 충분한 권한과 자율성을 주고, 다양한 문제에 도전할 기회를 제공해야 한다. 단순 반복 업무에만 묶어두면, 그들의 잠재력은 발휘되지 못하고 서서히 사라진다. 또한 문제 해결 과정에서 실패를 두려워하지 않는 문화를 만들어야 한다. 실패를 지나치게 비난하는 조직에서는 아무도 새로운 해법을 시도하지 않는다.

문제 해결력이 높은 핵심 인재는 경쟁사에서도 탐내는 인물이다. 이

들을 붙잡기 위해서는 공정한 보상뿐 아니라, 성취감을 느낄 수 있는 환경을 제공해야 한다. 그들이 해결한 문제를 공개적으로 인정하고, 그 공로를 제대로 평가해야 한다. 또한 장기적으로 함께 성장할 수 있는 비전과 경로를 제시하는 것도 중요하다. "여기서 당신의 능력을 마음껏 발휘하면, 앞으로 이런 미래를 함께 만들 수 있다."는 메시지가 있어야 한다.

결국, 조직의 성패는 위기 속에서 판가름 난다. 평상시에는 모든 사람이 비슷해 보이지만, 진짜 위기에서 빛나는 사람은 문제 해결력이 높은 인재다. 이들은 단순히 문제를 '처리'하는 것이 아니라, 문제를 '기회'로 바꾸는 사람들이다. 따라서 경영자는 늘 이런 인재를 발굴하고, 확보하며, 성장시키는 데 집중해야 한다. 그것이 곧 조직의 생존 가능성을 높이고, 장기적인 경쟁력을 확보하는 가장 확실한 방법이다.

헬스장에서 일어나는 다양한 일들

　헬스장에서는 매일 다양한 회원과 직원들이 함께 어울리며 많은 일이 일어난다. 그러나 때로는 상상하기 어려운 황당하고 심각한 사건들이 발생하기도 한다. 예를 들어 한 회원이 운동 도중 센터 필드 한가운데서 용변을 보고 떠난 사건이 있었다. 이 사건은 위생과 이미지에 큰 타격을 주었으며, 청소와 사후 조치뿐 아니라 회원 관리 체계의 허점을 점검하는 계기가 되었다. 또 다른 사례로는 여직원 트레이너가 회원에게 성희롱을 당한 사건이 있었다. 이는 단순히 개인의 문제가 아니라 조직 전체의 안전과 근무 환경에 관한 문제이기에 피해자 보호와 가해자 조치, 재발 방지 교육 등 다방면의 대응이 필요했다. 또한 회원과의 소통 과정에서 회원이 폭행과 폭언을 한 사건도 있었다. 그 외에도 샤워실 절도 사건, 락커 무단 사용으로 인한 분쟁, PT 수업 중 발생한 부상 사고, 기구 사용 순서를 두고 벌어진 회원 간 충돌 등이 있었다. 심지어 개인 운동 중 아킬레스건 파열로 인해 민사 소송으로 이어진 사례도 있었다. 이 외에도 크고 작은 사건·사고들은 끊임없이 발생한다. 문제는 사건의 종류가 아니라 대표가 이를 어떻게 바라보고 해결하느냐에 달려 있다. 사건이 터질 때마다 감정적으로 무너지고 불평·불만만 늘린다면 조직은 더 큰 혼란에 빠질 수 있다. 대표는 매 상황을 냉정하게 분석하고, 원인을 찾으며, 실행 가능한 해결책을 제시해야 한다. 위기 속에서도 평정심을 유지하고 문제를 해결해 나가는 태도가 곧 조직의 신뢰를 지키고 장기적인 성장을 가능하게 한다. 헬스장 운영은 단순히 시설을 관리하고 회원을 모집하는 일이 아니라, 예측 불가능한 변수 속에서 끊임없이 문제를 풀어내는 과정임을 잊지 말아야 한다.

배우지 않는 자
가르치지 말라

　나는 부산대 스포츠과학을 전공하며 실무와 이론을 배웠고, 교육대학원 석사 과정에서 초등학생을 가르치는 교수법을 익혔다. 그곳에서 배운 것은 단순한 교육 기술이 아니라 사람을 이해하고 성장시키는 방법이었다. 이어서 대학원 MBA 과정에서 경영 이론을 공부하며 사업 운영의 원칙과 구조를 체계적으로 정립했고, 을지대 대학원에서는 다른 대표들이 현장에서 쌓아온 운영 노하우를 들으며 책에서 얻을 수 없는 살아 있는 경험을 배웠다. 현재는 프랜차이즈 사관학교에서 교육을 받고 있으며, 이곳에서도 단 한 가지라도 내 사업에 도움이 될 수 있는 것을 배운다면 그것은 수천만 원 이상의 값어치를 지닌다고 확신한다. 결국 배움은 어디서나 있고, 그 가치를 결정하는 것은 내 태도다. 같은 강의를 들어도 누군가는 '알고 있는 내용'이라며 흘려듣지만, 나는 단 하나의 인사이트라도 찾아내어 내 사업에 적용하려 한다. 그 차이가 시간과 돈, 그리고 미래의 성과를 바꾼다. 배우려는 태도, 받아들이려는 태도, 그리고 실행하려는 태도가 결국 전부이며, 나는 오늘도 그 태도를 지키기 위해 배우고, 기록하고, 실행한다.

97%가 하는 착각

　많은 직원들은 "지금 맡은 일에 최선을 다하면 언젠가 사장이 되어 잘될 것이다."라고 생각하지만, 이는 명백한 착각이다. 사장이 된다는 것은 단순히 직급이 올라가는 것이 아니라 완전히 다른 세계로 발을 디디는 일이며, 준비 없이 그 길로 들어서면 금세 한계를 마주하게 된다. 사장이 된다는 것은 완전히 새로운 직업을 갖는 것이며, 수업·영업·고객 응대 같은 현장 업무보다 마케팅, 인사, 세무, 시설 관리, 법률 대응 등 외적인 업무가 대부분을 차지한다. 이는 단순한 '업무 확장'이 아니라 '업종 전환'에 가깝기에, 새로운 역할을 즐기고 배우려는 자세가 없다면 매일이 버겁고 본업도 운영도 무너질 수 있다. 또한 직원일 때는 시도가 자유롭지만, 사장이 되면 모든 실패가 금전적 손실로 이어진다. 직원 시절은 값싸고 자유롭게 실험할 수 있는 시기이므로 이때 최대한 배우고 시도해야 한다. 창업은 끝이 아니라 진짜 경쟁의 시작이다. 시장은 끊임없이 변하고 경쟁자는 새로운 전략으로 도전해오며, 실력 없는 사장은 반드시 도태된다. 따라서 사장이 된 후에도 끊임없이 배우고 변화에 적응해야 한다. 처음 함께한 사람이 평생 함께할 것이라는 믿음 역시 착각이다. 비전, 성장 기회, 배움이 없는 조직에서는 누구든 떠날 수 있다. 결국 사장은 '지금의 일을 열심히 하면 자연스럽게 다가오는 결과'가 아니라 전혀 다른 역량과 마인드를 요구하는 새로운 직업이다. 그 직업을 잘 해내기 위해서는 지금 위치에서 최대한 배우고, 시도하고, 실패하며 성장하는 것이 가장 확실한 준비다.

초보 사장의 답답한 순간들

초보 사장은 사업을 시작하면서 누구나 한 번쯤 답답함을 느낀다. 혼자서 모든 것을 보고, 판단하고, 결정하는 과정에서 수많은 벽과 마주하게 되고, 그 순간들을 어떻게 바라보고 대응하느냐에 따라 사업의 방향과 조직의 성장 속도가 달라진다. 사장의 눈에는 보이지만 직원들이 놓치는 일들이 생기는데, 현장에서 당연히 보이는 문제들이 직원들에게는 전혀 보이지 않는 경우가 많다. 이때 단순히 "왜 이렇게 했어?"라고 지적하기보다 "이건 왜 이렇게 했을까?"라는 질문을 던져 스스로 답을 찾게 해야 한다. 이렇게 스스로 문제를 인식하고 개선안을 생각하는 경험이 쌓이면 구성원의 성장 속도가 빨라진다. 주 1회 자율 점검 미팅을 운영해 구성원이 스스로 문제를 발견하고 해결하도록 해야 한다. 또한 평판은 이미 퍼져 있다. 채용 공고를 보고 지원하는 사람들은 사장의 태도, 평판, 조직 분위기에 대한 이야기를 듣고 오며, 내가 모르는 사이 나에 대한 이미지는 업계에 굳어진다. 이럴수록 말보다 행동이 중요하다. 협력사, 고객, 직원 모두에게 일관된 태도로 신뢰를 쌓는 것이 장기적인 경쟁력이 된다. 사장도 실수할 수 있지만 더 위험한 건 그 실수를 인지하지 못하는 것이다. 고집이 아집이 되고, 아집이 도를 넘는 순간 조직은 흔들린다. 이를 방지하려면 매주 자기 점검 질문 리스트를 작성해 스스로를 돌아보고, 정기적으로 피드백을 줄 수 있는 파트너나 멘토를 두어 외부 시각에서 점검받아야 한다. 사업이 확장되지 않는 이유 중 하나는 사람 문제다. 사장을 따르던 사람들이 떠나면 조직 확장 속도는 급격히 떨어진다. 직원들이 "이 조직에 있으면 내 커리어가 성장한다."는 확신을 가질 수 있도록 교육, 성장 기회, 수익 공유 등 구조적인 장치를 마련해야 한다. 채용은 사장의 인격이 담긴 결과물로, 누구를 채용했는지가 조직의 방향과 철학을 보여준다. 스펙보다 중요한 것은 가치관의 일치이며, 업무 능력뿐 아니라 성향, 태도, 소통 방식을 함께 평가해야 한다. 잘못된 채용은 조직 문화를 무너뜨릴 수 있다. 조직이 커질수록 다양한 성향과 배경을 가진 사람들이 모이는데, 초보 사장은 이를 견디지 못하고 자신의 방식만 고집하다 조직을 지치게 만든다. 리더는 다양한 색을 조화롭게 섞되 기준을 잃지 않아야 하며, 각 구성원의 동기와 성장을 도울 수 있는 환경을 만들어야 한다. 결국 초보 사장이 맞닥뜨리는 답답한 순간들은 문제라기보다 성장 과정이며, 이를 어떻게 해석하고 대응하느냐에 따라 조직은 단단해지거나 무너진다. 질문하는 습관, 신뢰를 쌓는 행동, 자기 점검, 사람을 지키는 구조, 가치관 중심의 채용, 다양성을 아우르는 리더십. 이 여섯 가지를 꾸준히 실천하는 것이 초보 사장이 벽을 넘어 성장하는 유일한 길이다.

경쟁업체를 대비하라

    사업을 시작한 초보 사장에게 가장 큰 도전은 '어떻게 나만의 경쟁력을 만들고 유지할 것인가?'다. 대규모 자본과 브랜드 파워를 가진 경쟁업체와 같은 무대에서 살아남기 위해서는 단순히 열심히 하는 것 이상의 전략이 필요하다. 전단지는 금세 버려지지만 온라인 콘텐츠는 계속 쌓인다. 처음에는 글, 사진, 영상이 부족하고 서툴 수 있지만 하루에 한 번, 일주일에 몇 번이라도 꾸준히 기록하다 보면 2~3년 뒤에는 강력한 마케팅 자산이 된다. 블로그에는 회원들의 변화 사례, 운동 팁, 센터 소식 등을 올리고, 인스타그램과 유튜브에는 짧은 운동 영상과 현장 분위기를 담아야 한다. 콘텐츠는 단기 성과보다 장기적으로 브랜드 신뢰와 노출을 높인다. 지금 시작하지 않으면 나중에 경쟁자가 만든 콘텐츠 벽을 넘기 어렵다. 고객이 나를 선택할 이유를 만드는 것도 중요하다. 대회 수상 경력보다 중요한 것은 고객이 원하는 문제 해결 능력이다. 예를 들어 "산후 회복 전문", "50대 체형 교정 전문가"처럼 대중이 원하는 영역에서 나만의 강점을 확실하게 브랜딩해야 한다. 이를 위해 해당 분야의 이론과 실기 지식을 깊이 쌓고, 콘텐츠와 마케팅 메시지를 일관되게 전달하는 노력이 필요하다. 또한 브랜드에는 반드시 스토리가 있어야 한다. 출신, 이력, 창업 이유, 운영 철학 등을 담아 고객의 기억 속에 오래 남을 이야기를 만들면 가격 경쟁에서 벗어나 충성 고객을 만들 수 있다. 헬스장 시장에는 언제든 대형 체인과 최신 시설이 들어올 수 있기에 작은 매장은 프라이빗함과 개인화된 서비스를 무기로 삼아야 한다. "1:1 집중 관리", "회원의 루틴을 기억해 주는 공간" 같은 차별화 요소를 강화하면 규모가 작더라도 깊은 관계와 경험의 질로 승부할 수 있다. 결국 경쟁은 필연이지만 준비는 선택이 아니라 생존이다. 고객이 나를 선택할 이유를 지속적으로 강화하고, 고객 변화 사례와 운영 데이터를 기록·분석하며 브랜딩을 꾸준히 이어가야 한다. 마케팅, 브랜딩, 서비스 차별화, 고객 관계 구축은 사업 초기부터 시작해야 하며, 이 차이는 시간이 지날수록 눈덩이처럼 커진다. 오늘 당장 온라인 채널을 열고, 전문 분야를 정의하며, 브랜드 스토리를 만들고, 매장 규모에 맞는 전략과 경쟁 대비책을 실행하는 것이 초보 사장이 시장에서 살아남는 길이다.

성공의 달콤함에
취하지 마라

사업을 하다 보면 누구나 한 번쯤 빠지기 쉬운 함정이 있다. 바로 '사업병'이다. 사업병이란, 사업을 하는 과정에서 지나친 자만과 착각, 잘못된 확신에 사로잡혀 현실을 제대로 보지 못하는 상태를 말한다. 겉으로는 자신감과 추진력처럼 보일 수 있지만, 실제로는 사업의 본질을 흐리고, 결국 스스로를 무너뜨리는 위험한 병이다.

사업병에 걸린 사람은 몇 가지 공통적인 특징이 있다. 첫째, 숫자를 무시한다. 감과 직관만으로 의사결정을 내리고, 정확한 데이터와 재무 구조를 검토하지 않는다. 매출이 오르면 무조건 잘되고 있다고 착각하고, 고정비가 얼마나 나가고 있는지, 순이익이 얼마나 남는지 계산하지 않는다. 둘째, 브랜드 환상에 빠진다. 사업 초기 조금의 성과만으로 '우리는 특별하다.'는 생각에 젖어 경쟁 분석을 소홀히 한다. 고객이 우리를 선택하는 이유를 제대로 분석하지 않고, 마치 대체 불가능한 존재라고 착각한다.

셋째, 확장 중독에 빠진다. 한 번 성공을 맛보면 검증되지 않은 상태에서 지점을 늘리고, 사업 영역을 넓히려 한다. 내부 시스템과 인력이 제대로 준비되지 않은 상태에서 확장을 반복하면, 결국 품질과 서비스가 떨어지고 브랜드 신뢰도는 무너진다. 넷째, 피드백을 무시한다. 고객이나 직원의 불만을 대수롭지 않게 여기거나, 비판을 곧바로 방어하려 든다. 자기 확신이 지나쳐 다른 의견을 수용하지 못하는 것이다.

사업병의 무서운 점은, 이 병에 걸린 당사자가 자신이 병에 걸렸다는 사실을 모른다는 것이다. 오히려 더 강하게 밀어붙이고, 더 화려하게 포장하며, 더 큰 결정을 내린다. 그러다 어느 순간 매출이 떨어지고, 현금 흐름이 막히고, 신용이 무너진다. 그때서야 깨닫지만, 이미 너무 늦은 경우가 많다.

사업병을 피하려면 몇 가지 원칙이 필요하다. 첫째, 숫자에 솔직해져라. 매출뿐 아니라 순이익, 현금 흐름, 고정비, 변동비를 정확히 파악해야 한다. 감이 아니라 데이터로 경영해야 한다. 둘째, 겸손을 잃지 말아라. 잠깐의 성과는 시장의 흐름이나 운 덕분일 수도 있다. 내가 잘해서된 것인지, 외부 환경이 도와준 것인지 냉정하게 분석해야 한다. 셋째, 확장보다 내실을 먼저 다져라. 매뉴얼, 교육, 품질 관리, 인력 관리 시스템이 탄탄히 준비되지 않은 확장은 자살행위와 같다.

넷째, 피드백을 자산으로 여겨라. 고객 불만, 직원의 제안, 시장의 변화 신호는 귀찮은 것이 아니라 사업을 살릴 수 있는 힌트다. 나에게 불

피트니스 11년 생존노트

편한 말일수록 더 귀를 기울여야 한다. 다섯째, 위기 시뮬레이션을 해보라. 매출이 반 토막 나면 어떻게 할 것인지, 핵심 인력이 갑자기 나가면 어떻게 대응할 것인지, 최악의 상황을 가정하고 대응책을 준비하는 습관이 필요하다.

사업병에 걸리지 않으려면, 스스로를 항상 점검하는 '메타인지'가 필수다. 내가 지금 올바른 판단을 하고 있는지, 감정에 치우치고 있지는 않은지, 주변에서 신호를 보내고 있는데 무시하고 있지는 않은지 점검해야 한다. 그리고 자신을 냉정하게 비춰 줄 멘토나 파트너를 곁에 두는 것이 좋다. 혼자 모든 걸 판단하려 하면, 아무리 뛰어난 사람이라도 어느 순간 자기만의 세계에 갇히게 된다.

사업은 마라톤이다. 순간의 속도에 도취되면 금방 지치고 쓰러진다. 사업병은 바로 그 도취에서 시작된다. 그래서 나는 이렇게 말하고 싶다. "항상 초심의 거울을 들여다봐라." 처음 사업을 시작했을 때의 긴장감, 시장을 바라보던 겸손한 태도, 배우려 했던 마음을 잃지 않는다면 사업병은 절대 당신을 지배하지 못한다. 오늘도 거울을 보며 묻자. "나는 지금 건강한 경영을 하고 있는가?" 이 질문이 당신을 사업병에서 지켜 줄 최고의 백신이 될 것이다.

글을 마치며

《피트니스 11년 생존노트》를 구입해 주신 여러분께 진심으로 감사드립니다. 저 역시 새로운 것을 시도하고, 도전하는 일이 결코 쉬운 일이 아님을 잘 알고 있습니다. 하지만 늘 이런 과정을 통해 성장해왔고, 이번에도 그 믿음을 안고 다시 한번 도전했습니다. 그리고 지금, 다음 책도 준비 중에 있습니다. 이 책을 구입하신 여러분들 또한 분명 많은 고민 끝에 결정을 내리셨을 거라 생각합니다. 그렇기에 저는 감사한 마음으로 여러분께 메일 컨설팅을 제공하고자 합니다. 창업과 운영에 대해 궁금한 점이 있다면 언제든 메일을 보내 주세요. 시간이 허락하는 한, 제가 아는 범위 내에서 성심성의껏 도와드리겠습니다. 혹시 지금 이 글을 읽고 있는 당신이 직원의 위치에 있다면, 같은 센터의 대표에게 창업 관련된 이야기를 꺼내기 어려울 수 있습니다. 저도 그런 과정을 겪었기에, 도전하려는 분들의 마음을 누구보다 잘 이해합니다. 기회가 된다면 경험을 나누고, 함께 고민을 나눌 수 있기를 희망합니다. 현재 피트니스 업계는 변화와 위기 속에 놓여 있습니다. 그만큼 준비되지 않은 창업은 큰 위험으로 다가올 수 있습니다. 이 일은 실력뿐 아니라 인성, 철학, 심리학적 요소까지 중요하게 작용하는 사업입니다. 사람을 상대하는 일이기에 사람을 관리할 줄 아는 대표가 되어야 하고, 그것이 이 사업의 핵심입니다. 처음엔 어렵게 느껴질 수 있지만, 이런 과정을 즐기게 되는 시점이 오면 돈보다 더 큰 가치를 추구하는 날도 반드시 찾아올 것입니다. 만약 이 글을 읽고 창업을 결심하게 된다면, 함께 이 업계를 더 좋은 방향으로 이끌어가길 바랍니다. 저는 지난 11년간 단 한 번의 폐업 없이 8개 지점을 운영해 왔고, 그동안 쌓아온 경험과 노하우를 이 책을 통해 진심을 담아 공유했습니다. 이 책을 읽은 당신과 언젠가 직접 만나 이야기를 나눌 수 있다면, 그 자체로 저에게 큰 행복이 될 것입니다. 시간이 흐르며 저는 깨달았습니다. 돈을 많이 버는 것보다 다른 사람의 성장을 돕고, 함께 나아가는 것에서 더 큰 보람과 행복이 있다는 사실을. 그래서 이 글을 쓰게 되었습니다. 제 좌우명은 "성실하게 최선을 다하자."입니다. 성실은 세월이 증명합니다. 이 책이 당신의 운명을 바꾸는 소중한 계기가 되길 진심으로 바랍니다.

이메일 상담은 이 책을 읽고 진정성 있는 후기와 질문을 남겨 주시면 성심성의껏 답변 드리겠습니다. 문의는 kgw7070@naver.com으로 보내 주세요. 저는 11년간 8개 지점을 운영하며 쌓아온 경험을 유튜브 '김기웅 PT 이야기'와 인스타그램 @pt_woong을 통해 나누고 있습니다. 유튜브 주요 콘텐츠로는 고객 관리, 직업을 대하는 태도, 창업 전 마인드, 직원 교육, 대표가 유튜브를 해야 하는 이유, 트레이너에서 대표가 되기까지의 여정, 인테리어 사기 경험담, 센터 오픈 후 느낀 점, 왜 피티샵을 선택했는지, 피티샵 창업을 원하는 분들을 위한 조언, 잘 되는 피티샵과 망하는 피티샵의 차이, 트레이너가 갖춰야 할 자질, 배움의 중요성, 실패에서 배우는 교훈, 트레이너 마인드, 그리고 2호점과 3호점 운영이 10배 더 어려운 이유 등이 있습니다. 피트니스 창업은 결코 단순한 일이 아니지만, 함께라면 외롭지 않습니다. 저는 언제나 진심을 다해 돕고 싶습니다.

피트니스 11년 생존노트

ⓒ 김기웅, 2025

초판 1쇄 발행 2025년 11월 1일

지은이   김기웅
펴낸이   이기봉
편집   좋은땅 편집팀
펴낸곳   도서출판 좋은땅
주소   서울특별시 마포구 양화로12길 26 지월드빌딩 (서교동 395-7)
전화   02)374-8616~7
팩스   02)374-8614
이메일   gworldbook@naver.com
홈페이지   www.g-world.co.kr

ISBN   979-11-388-4918-0 (03320)